乡村旅游

高质量发展促进共同富裕的理论与实践研究

朱岚涛　田佳琦　孙玲玲◎著

海洋出版社

2024年·北京

图书在版编目（CIP）数据

乡村旅游高质量发展促进共同富裕的理论与实践研究 / 朱岚涛，田佳琦，孙玲玲著 . — 北京：海洋出版社，2024. 7. — ISBN 978–7–5210–1287–3

Ⅰ . F592.3；F124.7

中国国家版本馆 CIP 数据核字第 2024FK9715 号

责任编辑：刘　斌
责任印制：安　森

海洋出版社　**出版发行**

http：//www.oceanpress.com.cn
北京市海淀区大慧寺路 8 号　邮编：100081
涿州市般润文化传播有限公司印刷　新华书店经销
2024 年 7 月第 1 版　2024 年 7 月第 1 次印刷
开本：787mm × 1092mm　1/16　印张：11
字数：200 千字　定价：98.00 元
发行部：010–62100090　总编室：010–62100034

前 言

治国之道，富民为始。天下大同是古代中国人民理想生活的朴素表达，共同富裕是当代中国人民理想生活的殷切期盼。对于中国而言，乡村富则国家富，乡村强则国家强。乡村共同富裕是中国式现代化过程中的一个时代命题。

本书从乡村旅游高质量发展促进共同富裕的角度，以乡村旅游及共同富裕、高质量发展的相关理论为基础，从定性与定量角度，基于探索性分析方法，构建了共同富裕的 5 个维度：乡村经济发展、文化设施完善、社区居民增权、乡村环境改善、社区关系和谐，基于 5 个维度构建了乡村旅游高质量发展促进共同富裕的作用机理模型；基于乡村旅游高质量发展促进共同富裕的渐进式演化过程，分析了动力机制与动力作用关系；以象山乡村旅游高质量发展促进共同富裕的实践为例，分析了象山乡村旅游高质量发展促进共同富裕的成就、现状、挑战等；总结提炼了以乡村共谋、共建、共创，推动乡村共治、共管、共赢，从而实现乡村共享、共赢的“象山模式”，从民宿集聚、渔旅融合、景村融合、三权分置、体旅融合、乡贤回归、村民众筹、党建引领 8 个方面，展示了乡村旅游高质量发展促进共同富裕的现实图景；从党建铸魂、产业升级、空间整合、文化挖掘、社区赋权、数字赋能、产业运营、公平正义 8 个方面，全方位、立体化地构建了乡村旅游高质量发展促进共同富裕的实现路径。

本书以象山乡村旅游高质量发展促进共同富裕的典型案例为实证对象，以期为中国的共同富裕理论与实证研究贡献象山样本，并为中国式现代化乡村建设提供象山路径。

目 录

第一章 绪论

第一节 研究背景与问题提出

一、研究背景

共同富裕是中国式现代化的基本特征。治国之道，富民为始。天下大同、共同富裕是中国人民梦寐以求的理想和长期奋斗的目标。天下大同，是古代中国人民理想生活的朴素表达，共同富裕是当代中国人民理想生活的殷切期盼。伴随人类社会的进步和生产力的发展，自马克思主义理论提出共同富裕的概念之后，人们对共同富裕理论的认知及研究向着纵深推进。习近平总书记强调："共同富裕是社会主义的本质要求，是人民群众的共同期盼，我们推动经济社会发展，归根结底是要实现全体人民的共同富裕。"党的二十大报告更进一步深刻论述："中国式现代化是全体人民共同富裕的现代化。"共同富裕是中国式现代化的五大特征之一。当前在全面实施乡村振兴、建设社会主义现代化、实现民族伟大复兴的历史进程中，共同富裕的价值追求、目标体系、实践路径等必然成为新时代面临的重大课题。

乡村振兴是实现共同富裕的关键所在。中国作为一个农业大国，乡土社会是中国社会稳定的根基、中国文化的命源、中国人的精神粮仓。延续了几千年的中华文明，饱经风霜地得以传承与发展，其核心在于中国乡村的延续及发展。对于中国而言，乡村富则国家富，乡村强则国家强。乡村振兴是新时代中国的重要发展战略，是中国实现民族伟大复兴的根基性工程，也是实现乡村共同富裕的战略路径。由于城市与乡村在社会发展中主导地位、主导功能发生变化，中国乡村面临着乡村原子化、空心化、个体化、老龄化、“撂荒化”、无序化等突出问题，如何重建乡村、振兴乡村，推进乡村产业现代化、治理现代化，实现共同富裕，成为乡村发展过程中的重点与难点。

乡村旅游是实现共同富裕的生动实践。在不同的时代，乡村有着不同的发展使命、发展路径与发展模式。在传统社会，由于受生产力发展水平制约，乡村以家庭式小农经济为主导，而随着社会生产力不断进步，中国的乡村格局、农业格局、内生环境与外生环境均发生着剧烈而深刻的变化，乡村的发展模式、组织模式、动力机制均呈现新的形式与趋势。在新时代，乡村旅游是助力乡村振兴、实现共同富裕最为生动的实践。乡村旅游植根于乡村的生产、生活，生发于乡村自然、人文、乡土风情，与乡村居民直接关联。乡村旅游发展的实践力证了乡村旅游促进共同富裕的价值，而乡村旅游促进共同富裕理论逻辑需要进一步研究与深化。

二、问题提出

乡村如何实现共同富裕？这是学界与业界共同思考的时代命题。围绕着振兴乡村、共同富裕这一时代命题，学界与业界从理论与实践，从经济学、政治学、管理学、社会学、地理学、历史学，从经济、政治、社会、文化、生态、科技等方面进行多角度、多剖面、立体化的研究。他们提出了乡村振兴及共同富裕的不同路径。比如，有的从产业、资本、治理、文化等方面展开，有的从产业发展、产业融合角度展开，有的从乡村精英、乡贤治理角度展开，有的从农业产业现代化、产业联合体发展角度提出要健全农业社会服务体系，有的从文化、环境、人才振兴的角度全面系统梳理乡村振兴的路径。这些研究成果为乡村振兴及共同富裕的理论深化和具体实践提供了有益的借鉴。

当从乡村旅游的视角来思考乡村振兴及共同富裕，需要厘清共同富裕的维度结构、乡村旅游促进共同富裕的演进过程、不同阶段的动力机制及作用机理等关键性问题。基于此，本研究在共同富裕理论、共享发展理论的基础上，以象山县乡村旅游促进共同富裕的生动实践为研究对象，对其进行深入系统研究。

本研究之所以选择浙江省象山县具有以下几个方面的原因：

（1）象山县位于象山港和三门湾之间，三面环海、两港相拥，陆域面积

1415 平方千米，辖 10 镇 5 乡 3 街道，常住人口 57.6 万人。先后荣获首批国家生态文明建设示范县、国家卫生县城、全国文明城市提名城市、全国双拥模范县“六连冠”、国家农产品质量安全县、“四好农村路”全国示范县等荣誉称号，入选全国首批乡村振兴示范县创建名单。2023 年实现地区生产总值 770.15 亿元，财政总收入 109.43 亿元，城镇居民人均可支配收入 72 676 元，农村居民人均可支配收入 44 175 元，城乡居民收入倍差 1.67 : 1，共同富裕获得感持续增强。①

（2）典型性。在全国范围内，实现共同富裕具有不同路径，也呈现不同的案例。就象山县具体情况而言，其具有先天性的滨海资源、生态环境和区域发展优势，在县域高质量发展实现共同富裕的过程中呈现的“乡村旅游促进共同富裕”的创新路径与发展模式，具有典型性、代表性和启发性。因此，通过乡村旅游促进共同富裕的象山县路径研究，及时总结提炼具有广泛性及普适意义的经验做法，有利于为全国其他地区提供共同富裕的县域范例。

（3）代表性。中国式现代化是人口规模巨大、全体人民共同富裕、物质文明与精神文明相协调、人与自然和谐共生和走和平发展道路的现代化。象山县以乡村旅游为突破口，通过“微改精提”精品线建设、“神笔马良”计划、乡村旅游共同富裕示范村创建等措施，推动了乡村物质文明、政治文明、精神文明、社会文明、生态文明的协调发展。象山县的乡村是中国式现代化乡村的一个缩影，是浙江高质量发展建设共同富裕示范区的重要展示窗口与显著标志，具有代表性和示范意义。

第二节　研究内容与研究意义

一、研究内容

本研究紧扣“乡村旅游高质量促进共同富裕”这一主题，以象山县 28 个乡

① 资料来源：象山县人民政府网站：http：//www.xiangshan.gov.cn/art/2023/5/17/art_1229054110_43304602.html。

村旅游共同富裕示范村为研究对象，运用定性研究、定量研究、案例研究等多种方法，深入分析乡村旅游发展与实现共同富裕之间的内在逻辑关系，探究当前乡村旅游促进共同富裕的现状、问题、演化过程、动力机制、作用机理、实现路径、经验启示等，并提出相应的对策建议。本研究主要内容包括以下几个方面。

第一，从乡村旅游、共同富裕、乡村旅游高质量发展促进共同富裕等方面，对研究文献进行系统梳理，总结国内外乡村旅游、共同富裕、乡村旅游高质量发展促进共同富裕的研究成果，为本书的实证研究奠定理论基础。

第二，通过定性与定量的研究方法，探索性分析乡村共同富裕的结构维度，并针对具体维度分析乡村旅游高质量发展促进共同富裕的作用机理。

第三，基于象山县乡村旅游高质量发展促进共同富裕的实践，总结象山县乡村旅游高质量发展促进共同富裕的成效、优势与挑战、总体模式、具体模式等。

第四，从民宿集聚、渔旅融合、景村融合、三权分置、体旅融合、乡贤回归、村民众筹、党建引领 8 个方面分析乡村旅游高质量发展促进共同富裕的典型案例、成功经验。

第五，从党建铸魂、产业升级、空间整合、文化挖掘、社区赋权、数字赋能、产业运营、公平正义 8 个方面，全方位、立体化构建了乡村旅游高质量发展促进共同富裕的实现路径。

二、研究意义

（1）理论意义。有利于丰富和发展新时代共同富裕理论内涵。共同富裕是社会主义的本质要求，共同富裕理论不仅是马克思主义思想的重要内容与核心观点，也是习近平新时代中国特色社会主义思想的重要组成部分。共同富裕理论是随着中国特色社会主义进入新时代而不断深化和创新发展的。因此，在新时代背景下，研究与总结旅游促进共同富裕的理论方法、实践路径、创新模式等，有利于丰富共同富裕的理论内涵，有利于发展共同富裕的实践内容。

（2）现实意义。“绿水青山就是金山银山”是习近平生态文明思想的重要组成部分。“绿水青山就是金山银山”的内涵极其丰富，为新时代实现共同富裕提供了路径指引与方法遵循。象山县位于东海之滨，不仅有绿水青山，更有碧海银滩。象山县以“绿水青山就是金山银山”为指导，依托“北纬最美30度海岸线”，因地制宜、实事求是，以乡村旅游为突破点，以点带面，以线带域，走出了一条“碧海银滩也是金山银山”的“绿水青山就是金山银山”转化新路径。象山县的发展实证了“绿水青山就是金山银山”的科学性与前瞻性。

第三节　研究方法与技术路径

一、研究方法

（1）文献研究法。通过研究对象及内容的文献搜集和整理，探明研究对象的性质及研究现状，并以此提出研究论点。本研究重点回顾乡村旅游及共同富裕的概念与内涵、演进及动力、影响及效益、模式与路径等，以此作为研究逻辑的起点和理论指导。进一步综述乡村旅游发展、乡村旅游共享、乡村旅游生计、乡村旅游高质量发展促进共同富裕的问题及对策，为具体的案例研究奠定理论基础。

（2）问卷调查法。深入实地对28个村庄开展问卷调查，严格按照问卷调查的程序及标准回收问卷，运用SPSS20统计分析软件对调查数据进行统计、分析与研判，以问卷为基础，探索共同富裕的维度。本研究共调研了28个村，分别为：黄避岙乡的高泥村、龙屿村；贤庠镇的青莱村；大徐镇的军湖村；涂茨镇的旭拱岙村、黄沙村；墙头镇的方家岙村、舫前村；四周镇的儒雅洋村；泗洲头镇的墩岙村；茅洋乡的花墙村、白岩下村；东陈乡的东旦村、旦门村、樟岙村；新桥镇的黄公岙村、上盘村、东溪村；定塘镇的沙地村、中站村；石浦镇的东门渔村、沙塘湾村、新鹤村；鹤浦镇的大沙村、小百丈村；高塘岛乡的金高椅村；晓塘乡的青山头村、黄埠村。调查内容主要包括创建村和培育村的现实情况、发展历程、产业现状、环境现状、文化现状、治理情况，各村存在的主要问题及原因，共富的经验、共富的路径、共富的规划与未来发展方向等。

（3）深度访谈法。本研究重点对 28 个村的一把手村干部及所涉及的乡镇分管领导，开展了半结构式访谈。根据访谈内容进行文本分析，提炼关键词等，分析乡村旅游高质量发展促进共同富裕的逻辑关系。

定性与定量结合的方法。在以上方法的基础上，进行方法的混合运用，以定性研究为主，以定量研究为辅。通过具体案例的深度解读，共同富裕单元路径的深入分析，从而阐述乡村旅游高质量发展促进共同富裕的一般性原理及对策。

二、技术路径

本研究按照从理论研究到实证研究的总体框架逻辑，遵循理论研究——实证研究——案例研究的技术逻辑，技术路径如图 1–1 所示。

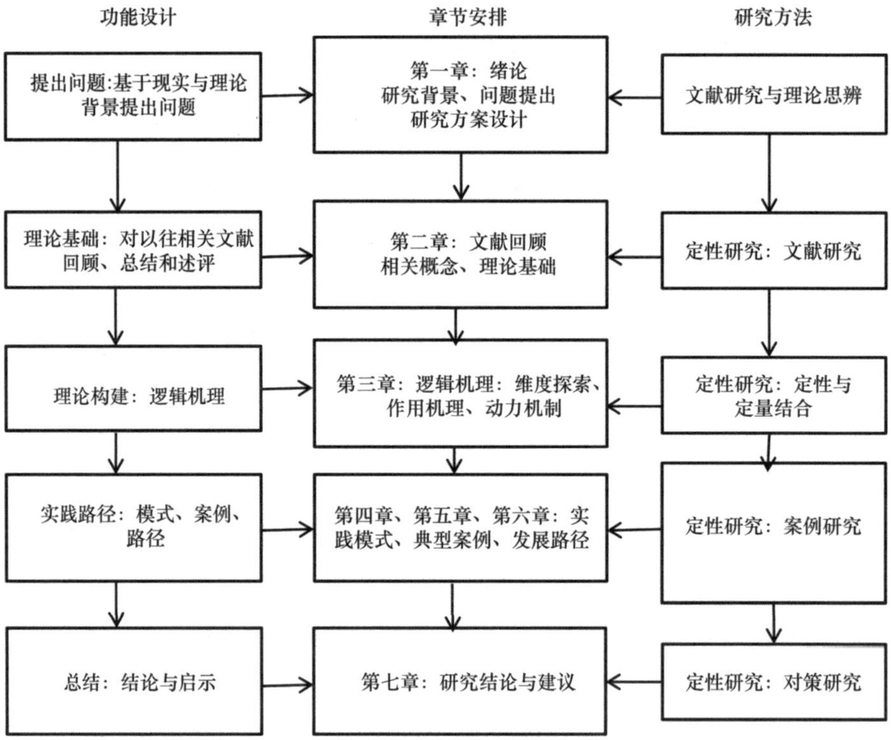

图 1–1　技术路径

第四节 研究贡献与研究不足

一、研究贡献

本研究贡献表现在以下几个方面。

（1）从乡村旅游高质量发展促进共同富裕的角度，以乡村旅游及共同富裕的相关理念、理论为基础，以象山县乡村旅游促进共同富裕的典型案例为实证对象，以期为中国的共同富裕理论与实证研究贡献象山样本。

（2）从定性与定量角度，基于探索性分析方法，构建了共同富裕的5个维度：乡村经济发展、文化设施完善、社区居民增权、乡村环境改善、社区关系和谐。基于5个维度分析了乡村旅游高质量发展促进共同富裕的作用机理，构建了乡村旅游高质量发展促进共同富裕的作用机理模型；进一步分析了乡村旅游高质量发展促进共同富裕的渐进式演化过程、动力机制等。

（3）对象山县乡村旅游高质量发展促进共同富裕的成就、现状、挑战等进行系统分析，总结提炼象山县乡村旅游高质量发展促进共同富裕的总体模式、特色模式、典型案例与单元实践路径，为象山县乡村旅游高质量发展促进共同富裕提供必要的战略指引与思维借鉴。

二、研究不足

本研究基于象山县的案例与实证，以期为中国乡村的现代化发展与治理提供样本借鉴。然而，本研究仍存在一定的不足：首先，缺乏深度的定量研究，缺乏对乡村旅游高质量发展促进共同富裕示范村的定性评价。其次，共同富裕包括乡村经济发展、文化设施完善、社区居民增权、乡村环境改善、社区关系和谐，而这5个维度的相互影响关系有待进一步研究。第三，缺乏基于乡村旅游发展为前因变量，共同富裕作为结果变量的结构方程式模型研究；最后，缺乏基于定性比较分析（QCA）方法的运用研究。

第二章　乡村旅游高质量发展与共同富裕的理论基础

第一节　乡村旅游研究综述

一、乡村旅游的概念与内涵

关于乡村旅游概念的探讨主要发生在乡村旅游发展初期及旅游研究早期。20 世纪 90 年代，乡村旅游刚刚起步，学界及业界需要对其概念及内涵进行界定。王兵（1999）较早地指出所谓“乡村旅游”，即以农业文化景观、农业生态环境、农事生产活动以及传统的民族习俗为资源，集观赏、考察、学习、参与、娱乐、购物和度假于一体的旅游活动。杜江、向萍（1999）认为，乡村旅游是以乡野农村的风光和活动为吸引物、以都市居民为目标市场、以满足旅游者娱乐、求知和回归自然等方面的需求为目的的一种旅游方式。此类概念主要把乡村旅游界定为依托农业及农村而展开的相关旅游活动。肖佑兴等（2001）指出，乡村旅游是指以乡村空间环境为依托，以乡村独特的生产形态、民俗风情、生活形式、乡村风光、乡村居所和乡村文化等为对象，利用城乡差异来规划设计和组合产品，集观光、游览、娱乐、休闲、度假和购物为一体的一种旅游形式；何景明、李立华（2002）认为，狭义的乡村旅游是指在乡村地区，以具有乡村性的自然和人文客体为旅游吸引物的旅游活动。此概念包含了两个方面：一是乡村旅游发生在乡村地区；二是以乡村性作为旅游吸引物，二者缺一不可。乌恩、蔡运龙、金波（2002）认为，乡村旅游是指在传统乡村地区开展的，以乡村自然环境、风景、物产及乡村生活为旅游吸引物的，不过多的依赖资本和高度技术，较少使用专用接待服务设施的旅游活动形式。周玲强、黄祖辉（2004）把乡村旅游定义为：以城市居民为主要目标市场，以农业文化景观、农业生态环境、农事生产活动、农民日常生活与环境，以及农村民俗风情为资源，集观赏、参与、休闲、度假、疗休养、考察、修学、科普、美食、娱乐、购物等方式于一体的专项旅游活动。查芳（2004）认为，乡村旅游是指在乡村地区，以具有乡村性的乡村景观为旅游吸引物的旅游活动。Woods（2005）认为，乡村旅游是代表农村地区从生产型经济向消费型经济过渡的主要组成部分之一。刘红艳（2005）认为，乡村旅游是以乡村社区为其活动场所，以乡村自然生态环境景观、聚落景观，经济景观、文化景观等为旅游资源，以居住的地域环境、生活方式及经历，农事劳作方式有别于当地乡村社区的居民为目标市场的一种生态旅游形式。林刚、石培基（2006）认为，乡村旅游是指发生在乡村地域，以乡村田园风情、农业生产活动、农家生活和民俗文化等自然景观和人文景观为旅游吸引物的休闲、观光、游览及度假活动。

自 2008 年之后，中国的乡村旅游进一步发展，关于乡村旅游的概念界定首次出现在标准文件之中。北京市旅游局（2008）发布的《乡村旅游特色业态标准及评定第 1 部分：通则（DB11 /T 652. 1—2009）》指出，乡村旅游是通过以乡村为依托，以乡村空间环境为活动场所，以农业生产过程、农村风貌及风俗、农民生活场景等主要旅游吸引物，满足旅游者观光、休闲、娱乐、求知、体验等目的的一种旅游方式。Lee 、Kim（2010）进一步丰富了乡村旅游的概念，指出乡村旅游是农产品、生态产品、文化资源和空间便利设施的综合体，包括经济、社会、教育、环境、娱乐和治疗等多种功能。JaeHee、Hwang、SeongWoo 等（2014）认为，乡村旅游通常包括农业生产、生活方式和乡村设施等乡村整体活动，以吸引来自城市和农村地区的人。

从以上的乡村旅游概念可以看出，乡村旅游的内涵至少包括几个层面的内容：首先，乡村旅游是一种活动，即以乡村为依托而展开的一系列的相关活动；其次，乡村旅游与城市旅游相对应，发生在乡村区域，以乡村空间为重要依托；最后，乡村旅游具有典型的观光、休闲、娱乐及度假功能。

二、乡村旅游的属性与特征

就乡村旅游的属性而言，乡村旅游典型的属性为乡村性，乡村性代表着一种生活方式、一种本土性、一种生活理想、一种民族文化和精神（黄震方、祝晔、袁林旺等，2011）。从乡村旅游的特征而言，黄震方、祝晔、袁林旺等（2011）指出乡村休闲旅游资源的主要特性为类型的多样性、要素的关联性、功能的康娱性、引力的近程性、资源的可塑性等；而乌恩、蔡运龙、金波（2002）认为，乡村旅游活动具有环境与乡村生活的一致性、资源及产品的层次性、传统文化与地方文化的自然原生性。熊凯（1999）较早论述了乡村旅游的特点，认为乡村旅游在活动对象上具有独特性、时空结构上具有可变分散性、主体行为上具有参与性、文化层次上具有高品位性；肖佑兴、明庆忠、李松志（2001）指出，乡村旅游具有乡土性、知识性、娱乐性、参与性、高效益性、低风险性，以及能满足游客回归自然的需求性等特点；刘红艳（2005）认为，乡村旅游在活动区域及活动对象上具有乡村性、景观构成上具有多样性、资源利用上具有可持续性、旅游过程上具有参与性、旅游活动上具有季节性与地域性；蒲姝（2010）认为，乡村旅游具有多样性、地域性强、极强的季节性、游客的参与及体验性、丰富的文化内涵、人与自然的和谐性、经营的低风险性7大特征；李泓沄、储德平（2015）认为，乡村旅游具有乡土风情浓郁、乡民淳朴热情、乡间风貌各异、旅游资源多样等特征；黄震方、陆林、苏勤等（2015）指出，在新形势下，乡村旅游发展应更加注重战略性、时代性、科技性、文化性和参与性等特性；张言庆、马波（2023）认为，乡村旅游具有地域特性及其制度环境特征、乡村旅游资源的结构性粘连特征。由此可见，乡村性、地域性、多样性、文化性及参与性是乡村旅游的基本特征（见表2–1）。

表2–1　乡村旅游的特征

作者	年代	特征
黄震方、祝晔、袁林旺等	2011	类型的多样性、要素的关联性、功能的康娱性、引力的近程性、资源的可塑性等
乌恩、蔡运龙、金波	2002	环境与乡村生活的一致性、资源及产品的层次性、传统文化与地方文化的自然原生性等

续表

作者	年代	特征
肖佑兴，明庆忠，李松志	2001	乡土性、知识性、娱乐性、参与性、高效益性、低风险性等
刘红艳	2005	活动区域及活动对象的乡村性、景观构成上的多样性、资源利用的可持续性、旅游过程的参与性、旅游活动的季节性与地域性
蒲姝	2010	多样性、地域性强、极强的季节性、参与及体验性、和谐性、经营的低风险性等
李泓沄、储德平	2015	乡土风情浓郁、乡民淳朴热情、乡间风貌各异、旅游资源多样等
黄震方、陆林、苏勤等	2015	战略性、时代性、科技性、文化性和参与性等旅游特性
张言庆、马波	2023	地域特性、其制度环境特征、乡村旅游资源的结构性粘连特征

三、乡村旅游的业态与类型

（一）乡村旅游的业态

旅游业态是一个复合性、动态性、特色性的概念（邹再进，2007），旅游新业态的本质是一种创新，突破传统旅游行业的增长方式和运作模式，对一种旅游行业的组织形式、经营方式、经营特色和经济效率等进行的可持续性业态创新（郭旸，沈涵，2011）。旅游新业态是产品形态、组织形态和经营形态的融合（郭为，秦宇，黄卫东等，2017），主要体现在市场型新业态、产品型新业态、经营型新业态，即创新、革新、更新、融合（杨玲玲，魏小安，2009）。

旅游市场的变化为新业态的产生提供了重要条件，催生了集聚型、专业型、在线型、复合型、衍生型、准公共型等新型旅游业态（张文建，2011），科技为文化旅游高质量发展提供了新动能，使文化演艺旅游、博物馆旅游、乡村旅游和生态旅游等文化旅游新业态也随之涌现（李凤亮，杨辉，2021；付业勤，曹娜，李勇，2015），按照市场营销学中的新产品类型，也可以将旅游新业态分为 4 类，即全新型旅游新业态、改进型旅游新业态、换代型旅游新业态和仿制型旅游新业态（汪燕，李东和，2011）；根据业态更新和创新程度，将其分为全新型、衍生型、提升型 3 种类型。

旅游业态的发展是横向发展和纵向发展不断交错的发展过程，在时间维度上，它表现为同时递进、并行发展，在空间维度上，它表现为不断延伸、逐步扩展（郭为，秦宇，黄卫东等，2017），是在旅游需求方面的拉力、旅游供给方面的推力和社会环境方面的助力的联合驱动下产生和发展的（王人龙、董亚娟，2017）。旅游新业态内驱力具有三环模式，即旅游行业领袖创新精神 、旅游行业投资收益驱动力、旅游行业创新文化驱动力（高丽敏，程伟，史彦军，2012）。新型旅游业态具有时代性、虚拟性和多元性等特点（邓燕萍，2013），与传统旅游业态相比，在目标市场、产业形态和技术形态上有本质区别（张瑞真，马晓冬，2013；张清源，陆林，卢松，2018）（见表 2–2），通过培育旅游新业态有助于不断优化旅游资源配置，促进旅游产业结构调整、转型、优化、升级，进一步实现旅游高质量发展，从而有效推动双循环（杜书云，牛文涛，2023）。

表 2–2 传统旅游业态与旅游新业态的区别

项目	传统旅游业态	旅游新业态
旅游方式	以团队为主（如旅行社组团、单位组织等）	以散客、自助游、团队等形式（如组拼团、自驾等）
旅游资源	实体资源（山水、湖泊、寺庙等有形的自然与文化景观）	创新（意）资源（工农业、动漫游戏等转化为旅游资源）
旅游目的	以观光为主	多样化旅游诉求（观光、休闲、度假、购物、养生、探险等）
产品特征	大众化	个性化、多样化、精细化
目标市场	以旅行社团队为主	以散客、自驾游为主
经营形式	传统旅游零售经营	联合经营、电子商务、节事营销
组织形式	单体企业	企业联盟、连锁企业、网络平台
产业技术	技术门槛低	互联网技术、物联网技术、V R技术
产业关联	产业关联度低，产业边界清晰	产业融合现象突出，产业边界模糊
空间形态	空间分布零散化	空间聚集化，集群效益显著
产业导向	资源导向型	旅游者需求和市场导向型
产业目标	以经济效益为主，兼顾生态效益	生态效益、社会效益和经济效益的统一

乡村旅游业态是指企业为适应乡村旅游市场需求变化进行要素组合而形成的乡村旅游经营形态（陆林、李天宇、任以胜等，2022），在市场力和政策力等共同作用下创造出的能够满足乡村旅游者心理、情感、审美享受的新型旅游产品与服务形态（宋增文，2013），是基于“人与自然和谐共处”的新型创新乡村旅游

模式（白凌子，2015），具有要素性、市场性、演进性和复合性等特征（陆林，李天宇，任以胜等，2022）。

新时期，替代传统乡村旅游产品的新形态和新模式主要有7个方面：主题农园与农庄发展、传承地方性遗产之乡村主题博物馆发展模式、乡村民俗体验与主题文化村落发展模式、乡村旅游基地化之乡村俱乐部、现代商务度假与企业庄园模式、农业产业化与产业庄园发展、区域景观整体与乡村意境梦幻体验（王云才，2006）。为适应市场发展，2008年北京首次推出了乡村酒店、国际驿站、采摘篱园、生态渔家、休闲农庄、山水人家、养生山吧、民族风苑8种乡村旅游新业态（宋增文，2013），而后，德清出现外籍人士投资经营的洋家乐旅游新业态，其包括乡村民宿、度假村、庄园、俱乐部等多种类型（刘传喜，唐代剑，2015）。从旅游产品营运角度观察，乡村旅游已进入3.0时代，其新兴业态可归纳为主题体验类业态、产业聚集类业态、主题游憩类3类（王敏娴，唐代剑，2018），农业新产业新业态可划分为服务型农业新业态、创新型农业新业态、社会化农业新业态、内部融合型农业新业态和综合型农业新业态5大类别（陈慈，陈俊红，龚晶等，2018）；美丽乡村旅游新业态是一个动态的概念，需要不断地挖掘和探索，乡村旅游新业态归纳为特色保护型、农业生态型、转型升级型、整合挖掘型、红色旅游型（俞小娣，2021），也可以划分为产业发展型乡村旅游新业态、文化传承型乡村旅游新业态、生态保护型乡村旅游新业态、休闲娱乐型乡村旅游新业态（李定可，2018；杨家栋，2021）。从未来发展趋势来看，旅游演艺项目、乡村文化主题公园、乡村文化创意农园、文化创意接待设施（王林，2016）、“洋家乐”（王小梦，2014）、乡村露营（梅子，2022）、亲子旅游（王璇璇，2016）、乡村精品酒店和露营地、风景道、传统村镇、田园综合体、旅游小镇等是乡村旅游主要业态（陆林，李天宇，任以胜等，2022），如表2–3所示。

表2–3　乡村旅游业态类型及主要特征

业态类型	要素构成	组合方式	组合主体	空间形态	旅游需求
农家乐	乡土生态、乡土文化	简单组合	个体户	点状、相对分散	观光、休闲旅游
乡村民宿	乡土生态、乡土文化、土地、资本、管理	相对复杂	个体户、小企业	点状、相对分散	度假旅游

续表

业态类型	要素构成	组合方式	组合主体	空间形态	旅游需求
乡村精品酒店	乡土生态、乡土文化、土地、资本、人才、管理、品牌	相对复杂	大企业、品牌企业	点状、相对分散	度假旅游
露营地	乡土生态、土地、资本、人才、技术、管理	相对复杂	大企业	点状、相对分散	自驾旅游
风景道	乡土生态、交通、资本、技术、管理	相对复杂	企业、沿线居民	线状、相对集聚	自驾旅游
传统村镇	初期为乡土生态、乡土文化要素，后期加入资本、设计、管理、人才等要素	初期为简单组合，后期组合方式逐渐复杂	初期为村民、村委会，后期为企业	面状、空间集聚	观光旅游
田园综合体	乡土生态、乡土文化、土地、资本、人才、信息、技术、管理、品牌、政策	多元组合	政府、大企业	面状、空间集聚	多元旅游需求
旅游小镇	乡土生态、乡土文化、土地、资本、人才、信息、技术、管理、品牌、政策	多元组合	政府、大企业	面状、空间集聚	多元旅游需求

（二）乡村旅游的类型

乡村旅游根据不同的标准与依据可以划分为不同的类型。根据乡村产业，乡村旅游可以分为乡村农业旅游、乡村林业旅游、乡村牧业旅游、乡村工业旅游、乡村渔业旅游、乡村文化旅游；根据功能，可以把乡村旅游分为乡村观光、乡村教育、乡村劳作与收获、乡村娱乐与健身、乡村度假、乡村探险、乡村购物等类型（潘顺安，2007）；根据旅游对象，可以把乡村旅游分为田园型、居所型、复合型；按对资源和市场的依赖程度，可以分为资源型和中间型；按地理位置，可以分为城郊型、边远型、景区边缘型等类型（肖佑兴等，2001）；根据乡村旅游本底条件、配套设施条件、客源吸引潜力，京津冀乡村旅游可以分为近郊游憩型、景区集聚型、农业休闲型、山野/原野度假型等类型（王润，刘家明，张文玲，2017）；根据乡村的发展方式，乡村旅游重点村目的地可以分为城郊休闲游憩型、景区景点依托型、文化民俗旅游型、生态休闲农业型、特色产业主导型、特色资源开发型 6 大类型（马斌斌，陈兴鹏，马凯凯等，2020）。根据不同类型乡村旅游发展路径的社会经济外源因素，可以分为景区依附型、文化遗产型、新型三农型（王淑佳，孙九霞，2022）；结合乡村旅游重点村的特征和功能，乡村旅游重点村可以分为农业生产类、自然生态类、产业主题类、景区名胜类、风土民俗类和遗址遗存类 6 个主要类型（王秀伟，李晓军，2022）；根据乡村生计，乡村居民生计可以分为自我更新、对外寻租、邻里投资以及迁移工作 4 种类型（苏伟锋，马晓龙，贾文通等，2023）；根据资源类型，可以分为自然景观类、休闲度假类、特色农业类、民俗文化类等（林梓，肖刚，2023）。

四、乡村旅游的演进与动力

（一）乡村旅游的演进阶段

邹统钎（2005）将成都的农家乐发展分为萌芽阶段（1987—1991 年）、发展阶段（1992—2002 年）和规范阶段（2002 年至今）3 个阶段。张环宙、许欣、周永广（2007）将我国乡村旅游发展分为 3 个阶段：第一阶段是萌芽时期（20 世纪 90 年代初—1996）、第二阶段是发展初期（1997—2004 年）、第三阶段是乡村旅游的蓬勃发展期（2005 年至今）。马勇等（2007）指出，中国乡村旅游发展经历了资源特色导向时期、农业产业带动时期、政府政策驱动时期、市场需求导向时期。祁新华等（2008）认为，乡村旅游地人居环境演变的空间过程涉及入侵（渗透、跳跃、蚕食、延伸）、竞争（分化和共生）、反应和调控 4 个阶段。陈水映、梁学成、余东丰等（2020）指出，袁家村传统村落旅游发展经历了再生阶段（2007—2011 年）、发展阶段（2012—2016 年）、村镇形成阶段（2017 年至今）。李东和、汪燕、王云飞（2012）指出，黄山市乡村旅游的发展历程大致经历了点状自发探索阶段（1986—1997 年）、块状规模发展阶段（1998—2004 年）、面状规范发展阶段（2005 年至今）；李小永、赵振斌、李佳乐等（2021）认为，肇兴侗寨社区旅游化的过程包括社区生活功能主导、社区生活功能与旅游功能趋衡两个阶段。黄震方、张圆刚、贾文通等（2021）指出，中国乡村旅游的研究历程可分为初级化应用研究（1992—2005 年）、多元化拓展研究（2006—2015 年）和融合性深化研究（2016 年至今）3 个阶段。

（二）乡村旅游的动力机制

乡村旅游发展与演化是各种动力相互作用的必然结果，张骁鸣、保继刚（2009）指出，动力即自然环境、社会、经济、文化、政治等发展要素之间的复杂关联和相互作用。彭华（1999）较早研究了城市旅游发展的动力系统模型，认为其是由需求系统、中介系统、引力系统、支持系统组成；而乡村旅游发展的核心动力系统由乡村旅游的需求动力、供给动力、营销动力和扶持动力构成（杨军，2006），也可分为宏观动力（国家旅游扶贫政策的导向、国际乡村旅游的示范作用）、中观动力（旅游产业拓展新领域、农村经济寻找新的经济增长点）、微观动力（巨大的市场需求是有效的推动力、乡村资源禀赋的优势是内在吸引力）（王娜，鲁峰，2006）。叶红（2007）在对四川省成都市乡村旅游发展的分析中指出，其发展是需求、供给、政府与营销四方面因素相互作用的结果。张勇（2010）认为城乡互动机制包括宏观动力（国家政策导向、产业拓展需要、行业增长率引擎）、中观动力（地方政府支持、旅游企业推动、城乡经济一体化）、微观动力（市场需要、临近优势、反向旅游）。杨洋、李东和、孟影（2011）在众多乡村旅游文献的基础上总结出乡村旅游发展的 4 种动力：核心景区驱动力、资源内生动力、城镇促动力、交通促动力。刘传喜等（2015）研究表明，杭州乡村旅游产业在空间格局上呈集聚发展状态，区位交通、资源环境、市场等因素是基础条件，社会资本是核心驱动力量。

乡村旅游发展受到经济发达度驱动、交通便捷度驱动、环境舒适度驱动（苏飞，王中华，2020），旅游吸引物、旅游区位、旅游支持因素、旅游需求、目的地管理、旅游供给、旅游创新均对乡村旅游的发展有显著正向影响（陈志军，徐飞雄，2019）。乡村生产旅游资源是乡村振兴驱动主力、乡村生活旅游资源是乡村振兴驱动活力、乡村生态旅游资源是乡村振兴驱动推力、乡村文化旅游资源是乡村振兴驱动拉力、乡村人力资源是乡村振兴驱动辅力、乡村组织资源是乡村振兴驱动合力（向延平，2021）；乡村旅游时空演变的动力机制，其主要来自外生动力和内生动力两方面：外生动力包括市场驱动力、政策驱动力和交通驱动力，内生动力包括资源驱动力、品牌驱动力和村落拯救驱动力（冯亚芬，俞万源，2018）；乡村旅游业态演化是发展要素、市场需求、旅游企业、政府政策等多方面因素综合作用的结果，分别构成了乡村旅游业态演化的基础性、决定性、主体性和主导性等力量（陆林，李天宇，任以胜等，2022）；旅游地乡村空间重构受到旅游市场需求、生产方式转型、农户行为选择以及治理主体的变化等多个方面的影响（席建超等，2016）。旅游驱动乡村振兴的动力机制包括农户生存压力的驱动、市场需求的拉动、政府支持的推动、资源禀赋促进和交通发展带动（麻学锋，刘玉林，谭佳欣，2020）；地方政府生态管理的驱动因素主要受到地方官员预期收益、利益相关者生态利益和关键性资源控制权3个主范畴的影响（王婉飞，吴建兴，吴茂英，2018）；在数字经济背景下，乡村旅游数字化发展是一个多层传导驱动力、多次调整状态、多级行动响应的动态过程（银元，2023）。

五、乡村旅游的影响与效应

乡村旅游对乡村的影响及效应体现在多个方面。乡村旅游业发展对区域经济具有较大贡献（卢睿，2016），从经济角度而言，乡村旅游给经营者带来直接收益，通过旅游业的乘数效应带来经济效益（王宏星，崔凤军，2005），通过发展乡村旅游来促进农户增收具有良好的持续性和累积效果（姚海琴，朋文欢，黄祖辉，2016），实现农民经济尊严（马勇，张梦，2019）；从产业角度而言，发展乡村旅游能够带动周边地区的经济发展、促进农村经济增长的多元化，促进农村经济结构调整、推动农业转型（张文，安艳艳，李娜，2006）。乡村旅游进入第一、第二、第三产业的融合升级阶段，其所创造的横向价值和纵向价值对产业升级产生了较为深远的影响（郁珊珊，王浩，王亚军，2016）；从文化角度而言，乡村旅游是城乡文化相互拆借的渠道，旅游有助于保护乡村弱势传统文化和边缘文化，有助于农民新型闲暇消费方式的形成（邱洁威，2011），促进城郊乡村文化转型（吉根宝，郭凌，2017），有利于物质文化保存与修复和精神文化的调适与再造（孙九霞，黄凯洁，王学基，2020）；从社会角度而言，乡村旅游为农村人口创造就业机会，通过旅游业的乘数效应带来经济效益（王宏星，崔凤军，2005），对农户人力资本的“回填”与“重组”集中表现为乡村旅游对劳动力的吸引功能（史玉丁，李建军，2018）；从乡村治理的角度而言，乡村旅游有利于完善党委领导，落实政府负责和科技支撑，促进民主协商和公众参与，推动法治建设和德治建设，推动文化和旅游融合发展，促进社会协同（周巍，2020）。总体而言，乡村旅游是实现农业多功能性价值与游客体验需求多元性精准对接的重要平台（李燕琴，秦如雪，于文浩，2022），与乡村振兴战略的基本要求具有较好的耦合性，是实现乡村振兴战略的一种路径选择（蔡克信等，2018）。

乡村旅游对乡村发展不仅有正向作用，也有一定的负面影响。徐淑红（2020）通过实证结果发现，乡村旅游与农村经济发展呈现“U”形关系。乡村旅游业发展早期阶段，基础设施建设、上下游产业配套尚未成熟，乡村旅游对农村经济发展具有负向的制约作用；随着乡村旅游业的成熟，乡村旅游对农村经济发展呈现正向促进作用。乡村旅游对乡村的负面影响表现在游客乱扔垃圾导致村里恶臭，交通堵塞，噪声污染、文化遗产的商业化、收入分配不均，未能有效发挥旅游扶贫功能等方面（GhaderiZ，2012），若乡村发展过分依赖乡村旅游，乡村旅游会加剧基层治理的压力，加剧族群冲突和利益分化，冲击原有的传统乡土文化（周巍，2020）。

六、乡村旅游的模式与路径

（一）乡村旅游的模式

乡村旅游模式一直都是学界研究的热点问题。张颖（2011）总结了美国乡村旅游资源开发的 4 种模式：通过保护生态环境带动旅游业发展经济的“生态系统”模式、利用发展旅游带动环境保护的“旅游生态”模式、以地方人文或自然文化景观带动旅游业的“文化生态”（Cultural Ecology）模式、彰显女性热情好客的“农家乐”模式。郑群明、钟林生（2004）认为，参与式乡村旅游的开发模式包括“公司 + 农户”模式、“政府 + 公司 + 农村旅游协会 + 旅行社”模式、股份制模式、“农户 + 农户”模式、个体农庄模式。张云、杨晓霞（2013）系统总结了乡村旅游的开发模式：即田园农业模式、民俗风情与主题文化体验模式、农家乐模式、休闲度假模式、村落乡镇与企业庄园模式、科普教育及主题博物馆模式、自然景观模式、其他模式等。

针对乡村旅游发展模式，王云才、许春霞、郭焕成（2005）较早提出主题农园、主题博物馆、主题文化村落、企业庄园和产业庄园 5 种乡村旅游发展的新形态和新模式。李德明、程久苗（2005）提出乡村旅游与农村经济互动持续发展模式包括政府主导发展驱动模式、旅—农—工—贸联动发展模式、农旅结合模式、以股份合作制为基础的收益分配模式、“公司 + 农户”的经营模式。马勇、赵蕾、宋鸿等（2007）指出，中国乡村旅游发展模式包括村落式乡村旅游集群发展模式、园林式特色农业产业依托模式、庭院式休闲度假景区依托模式、古街式民俗观光旅游小城镇型。郭剑英、邱云志、熊明均（2008）指出，乡村旅游发展模式包括政府主导型发展模式、企业主导型模式、集体股份制模式、自主发展模式。宋明轩、谢春山（2019）认为，国内乡村旅游典型发展模式包括都市型、景区型、村镇型、园区型 4 种模式。郭焕成、韩非（2010）较为全面地总结了中国乡村旅游发展主要模式有 7 种，分别是田园农业旅游模式、民俗风情旅游模式、农家乐旅游模式、村落乡镇旅游模式、休闲度假旅游模式、科普及教育旅游模式、回归自然旅游模式。张洪昌、舒伯阳（2019）认为，乡村旅游发展模式主要有社区主导、企业主导和政府主导 3 种模式及其多元互嵌的组合模式。社区能力的强弱和正式制度嵌入的程度都在乡村旅游发展模式构建中起到决定作用。

王敏娴、唐代剑（2018）提出乡村旅游发展新模式即，“新农人”模式、合伙模式、B & B 模式（B & B 即 Business & Business，乡村旅游地的相关企业或组织开展合作，形成有序统一的运营网络）。苏飞、王中华（2020）指出，中国乡村旅游可分为政府推动型、企业开发型、居民参与型、混合发展型 4 大基本模式。李涛、王磊、王钊等（2022）认为，社区化和景区化是实践中乡村社区进行旅游开发的两种重要模式，也是当地乡村旅游发展自然、经济和社会环境的综合反映。

针对社区参与和社区合作模式，周永广、姜佳将、王晓平（2009）指出，社区主导模式有 3 种不同类型，即基层组织主导模式、股份制运营模式和专业合作社主导模式。陈志永、李乐京、梁涛（2008）提出了贵州天龙屯堡“政府 + 旅游公司 + 农民旅游协会 + 旅行社”的“四位一体”的乡村旅游发展模式。郭文（2010）提出村民参与旅游开发的“轮流制”模式，认为“轮流制”模式一方面妥善协调与巧妙解决了村民参与旅游开发利益分配的不均衡，控制了外来投资，另一方面避免了由于无序竞争引起的经济利益过于集中现象。张耀一（2017）认为，乡村旅游社区参与模式包括农户自主经营模式，乡村旅游合作社模式，公司与农户结合模式，村办旅游企业模式，社区、公司与农户结合模式，股份制模式。胡敏（2009）指出我国乡村旅游专业合作组织有4种类型："农家乐"服务中心、"农家乐"协会、旅游服务公司、"农家乐"联合社。

从发展主体经营模式看，李勇军、王庆生（2016）认为，主要有政府主导模式、"政府＋公司＋农村旅游协会＋旅行社"模式、"公司＋农户"模式、"公司＋社区＋农户"模式、股份制模式、乡村集资与社区自营模式，农户个体模式和众筹模式等。向富华（2018）从乡村旅游发展主体的角度提出以下4种主要模式：村民（村集体）自建自营、"村民（村集体）＋游客（市民）""村民（村集体）＋公司""村民（村集体）＋游客（市民）＋公司"。

针对乡村旅游经营模式，张云、杨晓霞（2013）指出乡村旅游经营模式包括"农户＋农户"模式、"公司＋农户"模式、"公司＋社区＋农户"模式、个体农庄模式、股份制模式、"政府＋公司＋农村旅游协会＋旅行社"模式、专业合作社模式和共生模式。

（二）乡村旅游的路径

乡村旅游高质量发展与乡村旅游现代化是当前研究的新命题，也是乡村旅游发展的重要方向与转型路径。从宏观、产业和企业经营层面来看，乡村旅游高质量发展是全面均衡、产业不断转型升级、企业保持产品质量可靠性与持续创新的发展（吴彦辉，2021），其以绿色发展理念为指导，以资源的可持续利用为前提，以产业融合为路径，以文化赋能和产业优化为思想内核（舒伯阳，蒋月华，刘娟，2022），以农业强、农民富、农村美为目标，以生态与经济协调发展为归宿（于法稳，黄鑫，岳会，2020），从而实现供需匹配、精准对接、产业升级、持续发展（朱明，曹姗，2021）。

乡村旅游高质量呈现时空差异特征，如湖北省乡村旅游呈现四周向内部扩散的空间发展趋势，并最终形成东部和西部发展水平高、中部发展水平低的空间分异特征（李江敏等，2023）。黄河流域乡村旅游高质量发展水平呈“下游 > 中游 > 上游”之态势，而在空间上却呈“上游 > 中游 > 下游”的非均衡特征（肖黎明，王彦君，郭瑞雅，2021）。山东省乡村旅游高质量发展与乡村振兴耦合协调水平整体不高，仅青岛市达到初级协调水平，各城市之间存在明显差异，半岛地区耦合协调水平优于内陆地区（杜岩，李世泰，杨洋，2022）。安徽省各地市乡村旅游发展水平与乡村振兴耦合协调水平总体不高，各地市存在明显差异（尹长丰，2023）。乡村旅游高质量发展与土地利用转型中的土地开发利用、土地流转和土地整治都有密切的耦合机理（朱哲，巧巧，2023）。

乡村旅游高质量发展的评价指标包括创新、协调、绿色、开放以及共享（杨颖，2023），从条件组态分析来看，在多种条件因素充分组合及共同作用下，乡村旅游高质量发展呈现多样化的条件组态路径（苏卉，杨妍，2023）。基于传统村落韧性评价，品牌示范型村落、集约开发型村落、保护修复型村落应采取不同的高质量发展路径（何艳冰等，2022）。要以文旅融合的理论推动乡村旅游高质量发展（张祝平，2021），构建多元优质产品体系、构建 GIVS［政府（G）+ 行业（I）+ 村民（V）＋学者（S）］多方治理模式（杨承玥，明庆忠，刘安乐，2022）。

谯娇、高舜礼（2022）认为，乡村旅游是助推“三农”现代化的重要动力、开辟乡村致富的新路径、推动共同富裕的新模式。从旅游业高质量发展推进中国式现代化的作用机理来看，高质量发展的乡村旅游能明显促进全体人民共同富裕的中国式现代化（吴开军，2023）。发展乡村旅游打破了传统乡村治理的封闭性，促进了乡村治理体系和治理能力现代化，是转变乡村治理模式的重要驱动力（杨越，崔腾飞，2023）。乡村旅游开发对少数民族村寨现代化具有积极的推动作用，可以增加村民的经济收入，加速少数民族村寨现代化建设的步伐，培养当地村民的现代素质（仇学琴，2008）。乡村旅游的现代化应当适时导入开放式、共享性、多元化的现代化发展理念，优化当前乡村旅游企业的经营管理模式，稳步实现现有运作体系的转型升级（杨越，崔腾飞，2023）。

第二节　共同富裕研究综述

一、共同富裕的内涵特征

自提出共同富裕的概念以来，我国学者关于共同富裕科学内涵的认知与探讨不断深化，从不同的角度对其进行了深刻论述。周文、施炫伶（2022）认为，共同富裕是一个总体概念，其强调经济、政治、文化、社会和生态“五位一体”的全面跃升、整体有机辩证地推进，共同富裕是生产力与生产关系的统一。张占斌、吴正海（2022）从政治、经济、社会 3 个视角对共同富裕进行了解读，共同富裕有着严密的马克思主义历史逻辑和丰富的习近平新时代中国特色社会主义思想现实内涵，意味着人民共创共享日益丰富的物质财富和精神成果，意味着全体人民共创共享社会财富和文化财富，意味着多维综合的“人”的自由全面发展和幸福生活。杨瑞、李包庚（2022）认为，共同富裕是全体人民共同富裕，包括从部分到整体的逐步富裕，从低层次到高层次的过程富裕，从两极分化到适度差距的普遍富裕，从“有没有”到“好不好”的全面富裕。杨文圣和李旭东（2022）认为，共有、共建、共享是共同富裕的本质内涵，应该从主体、客体、方式角度探讨每个维度的具体内涵。总的来说，共同富裕包括 5 个层面：在对象上涵盖全体社会成员；在内容上指物质与精神生活相协调；在性质上强调普遍性与差别性相统一；在进程上，它指的是分阶段实现的逐步富裕；从实现路径上来看，它指的是全体社会成员的共建富裕（项久雨，王永杰，2022），是“全民共富、共创共建、全面富裕、共同致富、逐步共富”（马丽，金梁，2023；杨宜勇，王明姬，2021）。

部分学者从正义、伦理与精神层面对共同富裕的内涵进行了解读。陈科华、叶楚雄（2023）认为，共同富裕是社会结构基本稳定与公平正义根本保障的目的性统一，是个人分工正义与社会分配正义的过程性统一。陈伟宏（2022）认为，共同富裕蕴含着丰富的伦理内涵，是人们对未来美好生活的伦理期待，是解决新时代社会主要矛盾的伦理回应，是中华民族伟大复兴的伦理旨归；共同富裕视域下精神生活富裕是精神生活共同富裕状态的一种描述（赵剑英，2022），既强调个体层面的精神世界的丰富与完善，也强调群体层面整体性的精神文化共同享有

（张雪，2023），旨在形成人人有份、人人参与、人人努力、人人享有的发展格局（王金，孙迎联，2023）。

在新发展阶段，对共同富裕的内涵解读更加丰富。习近平总书记指出，我们说的共同富裕是全体人民共同富裕，是人民群众物质生活和精神生活都富裕，不是少数人的富裕，也不是整齐划一的平均主义。中国式现代化视域下的共同富裕，其人民性是根本立场，渐进性是现实必然，全面性是价值追求，共建共享是实现方式，全球性是情怀体现（殷晓元，彭静，2022），更加强调“普惠性”与“差异性”的统一、“全面性”与“重点性”的统一、“稳定性”与“发展性”的统一、“民族性”与“世界性”的统一（唐鑫，2022）。

共同富裕既是抽象的也是具体的，具有一定的共性，也具有一定的特殊性，共同富裕具有价值性与政治性、长期性与艰巨性、系统性与复杂性、阶段性与渐进性等特征（王海燕，2022），同时具有全民性与全面性、共创性与共享性、渐进性、差异性，以及对福利国家模式的超越性等特征（周文，施炫伶，2022）；新时代共同富裕“浙江模式”的特征表现为平衡性、协调性、包容性、创新性（刘道学，周咏琪，卢瑶，2022）；农民农村共同富裕的主要特征表现为人民性、发展性、全面性、可持续性（林立，曾学文等，2023）。民族地区共同富裕具有整体性与长期性特征，其中，整体性表现为宏观尺度（民族地区与发达地区之间差距的缩小）、中观尺度（民族地区内城乡之间差距的缩小）及微观尺度上的整体性（民族地区内乡村之间差距的缩小）；长期性表现为时间维度上的长期性及时间维度上的阶段性（于法稳，林珊，2022）。从一般内涵来看，共同富裕指物质文明更加丰富，精神文明更大发展；从特殊内涵来看，共同富裕具有非同步性、非同等性、非剥夺性、非享受性的特征（张占斌，2021）。

二、共同富裕的历史演进

国内学者关于共同富裕的发展及演进多从政治经济学进行审视及探讨。项久雨、王永杰（2022）把中国的共同富裕发展演进分为 3 个阶段：共同富裕初步探索期（1949—1978 年）、共同富裕实现质的升华期（1978—2012 年）、扎实推进全体人民共同富裕阶段（2012 年至今）。侯晓东等（2022）系统回归了百年共同富裕发展历程，并将其分为 5 个阶段：基于共同富裕思想和最初实践的理论探寻期（1921—1949 年）、社会主义制度确立与“同步富裕”的初步发展期（1949—1978 年）、“先富后富”和共同富裕的改革转型期（1978—1986 年），更加注重公平的深入推进期（1986—2012 年）、新时代共同富裕新发展阶段（2012 年 至今）。在新时代高质量发展推动全体人民共同富裕取得更为明显的实质性进展。阳芳、刘慧敏（2022）回归了百年共同富裕发展史，并将其分为 4 个阶段：共同富裕的制度初建期（1921—1949）、共同富裕的曲折探索期（1949—1978 年）、共同富裕制度改革期（1978—2012 年）、新时代共同富裕的制度创新期（2012 年至今）。浙江省为中国首个共同富裕示范区，浙江共同富裕演进经历了 5 个阶段：共同富裕奠基期、先富带后富、初级小康社会、全面小康社会、共同富裕示范区创建期（刘道学，周咏琪，卢瑶，2022）（见图 2–1）。

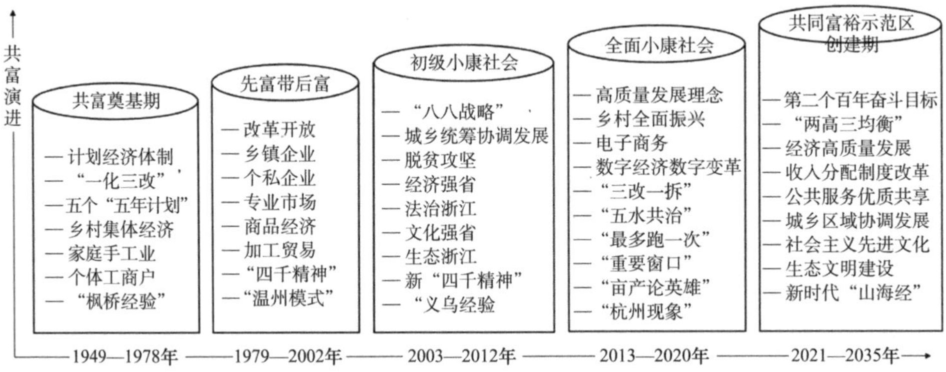

图 2–1　共同富裕“浙江模式”的演进过程

三、共同富裕的动力机制

共同富裕的动力机制是共同富裕研究的重要内容，其重点解决了共同富裕的动力来源问题。于建荣（2006）认为，共同富裕的动力来自共同富裕自身的内在矛盾，在于富裕与贫穷之间的相互作用、先富与后富之间的相互制约、部分富与整体富之间的相互影响。欧健（2022）把共同富裕的动力分为内生动力与外生动力，其外在归结于制度构建与政策激发，内在机制在于能力致贫与行为致贫的解决之道。宁晶（2023）认为，共同富裕的动力机制分为公共维度、利益维度、心理维度等多个层次，涉及国家政策、社会期待、企业利益、家乡情谊、企业精神等众多因素。陈云（2022）认为，实现共同富裕动力系统包括直接动力（实现利益共享）、最终动力（实现生产正义）、伦理动力（实现人民平等）和显性动力（实现分配正义）。张健（2023）认为，促进农民精神生活共同富裕的动力机制包括以人的现代化推动中国式现代化的顶层动力；满足农民美好生活需要变化的内部动力、互联网深度嵌入农村社会的外部动力。白雪军（2022）认为，共同富裕的新内生动力为输入型动力、驱动型动力、开发型动力、效能型动力、激励型动力。张书慧、刘晓倩（2023）认为，乡村振兴助力共同富裕的各个层面都是围绕农村人民群众展开的，其核心是“人”，主线是“人、产业和文化”。总体而言，中国共产党推动共同富裕的动力系统，是一个蕴含着理论引领力、政治动员力、责任驱使力、制度执行力、组织保障力、利益权衡力、社会参与力、历史承接力、物质创造力和文化促推力等多种要素的统一整体，这些要素又分属于体制内动力、体制外动力和体制内外双重性动力（黄立丰，2022）（见图 2–2）。

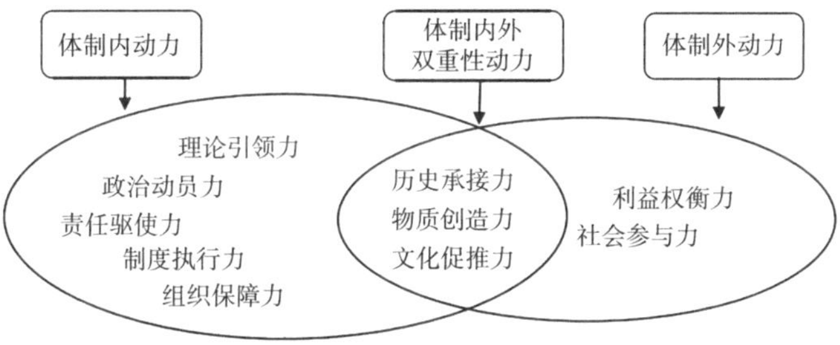

图 2–2 中国共产党推动共同富裕的动力系统

四、共同富裕的评价体系

根据国内相关文献可知，共同富裕的定量研究处于起步阶段，研究多关注共同富裕的测量方法、测量模型及评价指标体系构建。在共同富裕测量模型或评价指标体系构建的过程中呈现不同的方案，如表 2–4 所示。

表 2-4 共同富裕测量指标体系及测量方法

作者及年份	维度及指标	测量及评价方法
高质量发展研究课题组（2020）	1个一级指标（共享性）、4个二级指标（全民共享、全面共享、共建共享和渐进共享）、26个三级指标	熵值法
刘培林、钱滔、黄先海等（2021）	2个维度：总体富裕程度和发展成果共享程度；3个二级维度；23个指标	定量分析
杨宜勇、王明姬（2021）	2个维度：共同与富裕；5个一级指标、12个二级指标、27个三级指标	定量分析
傅才武、高为（2022）	2个维度：精神文化资源与文化发展机会放到纵向比较（历史增幅）和横向差异比较；4个一级指标；17个二级指标	无
傅东平、苏晓、李海霞（2023）	2个维度：总体富裕、富裕共享；5个一级指标、14个二级指标、26个三级指标	定量分析
孙豪、曹肖烨（2022）	2个一级指标（富裕程度、共享程度）；18个二级指标	线性加权法
徐鹏杰、张文康、曹圣洁（2023）	2个维度：富裕和共享；5个方面，8个指标	熵值法
陈丽君等（2021）	3个一级指标：发展性、共享性、可持续性；14个二级指标；81个三级指标	层次分析法
徐菁（2022）	3个一级指标（维度）：总体富裕、均衡水平、弱势保障；7个二级指标；49个三级指标	熵值法
王志章、薛人铭（2022）	3个一级指标（发展性、共享性和可持续性）；9个二级指标；36个三级指标	无
孙学涛、于婷、于法稳（2022）	3个维度（富裕水平、城乡差距和区域差距），11个测量指标	熵权 TOPSIS 法
钞小静、任保平（2022）	3个一级指标（收入与财力、发展能力、民生福祉）、11个二级指标、13个三级指标	五级分类法
吕新博、赵伟（2021）	4个维度：教育、健康、生活水平和生活环境；12个指标	AF 测量方法
蒋永穆、豆小磊（2022）	4个一级指标（人民性、共享性、发展性、安全性）；14个二级指标、34个三级指标	无
谭燕芝等（2022）	4个维度：富裕度、共同度、共享性和可持续性；18个指标	熵权 TOPSIS 法
许宪春等（2020）	4个一级指标（经济发展、社会进步、生态环境、民生福祉）、20个二级指标、49个三级指标	
黄意武（2022）	5个一级指标（社会主义核心价值观、国民素质、文化生产供给、公共文化服务、精神文化消费等）、14个二级指标、41个三级指标	无

续表

作者及年份	维度及指标	测量及评价方法
韩保江（2021）	7个一级指标（经济发展、社会结构、居民收入与财产、公共产品可及性、人民生活质量、收入分配公平度、生命健康），33个二级指标	无
王瑜（2022）	7个维度：收入、就业、居住、健康、教育、信息、主观福利；14个指标	无

（1）一个维度方案，高质量发展研究课题组（2020）利用4个二级指标、26个三级指标构建了“经济共享发展指数”，它们包含经济、政治、文化、社会、生态等多方面内容。

（2）二维度或者两个一级指标方案。孙豪、曹肖烨（2022）构建了包含富裕程度和共享程度两个一级指标和经济高质量发展、消费水平等18个二级指标的共同富裕指标体系。刘培林、钱滔、黄先海等（2021）构建了两个维度（总体富裕程度和发展成果共享程度）、3个二级维度、23个指标为核心的共同富裕测量体系。杨宜勇、王明姬（2021）从共同和富裕两个维度出发，构建了5个一级指标、12个二级指标、27个三级指标组成的共同富裕评价指标体系。傅东平、苏晓，李海霞（2023）以总体富裕、富裕共享两个维度为支撑，构建了5个一级指标、14个二级指标、26个三级指标组成的共同富裕指标体系。傅才武、高为（2022）构建了“两个维度、4个一级指标、17个二级指标”的精神生活共同富裕的指标体系。

（3）三维度方案。陈丽君等（2021）构建了共同富裕指数模型，该模型包含发展性、共享性、可持续性3个一级指标，富裕度、群体共同度、区域共同度、教育、医疗健康、社会保障、住房、公共基础设施、数字应用、公共文化（精神富足）、高质量发展、财政、治理、生态14个二级指标，81个三级指标。徐菁（2022）用熵值法构建了包括3个一级指标（维度）、7个二级指标和49个具体三级指标的共同富裕评价指标体系。王志章、薛人铭（2022）将发展性、共享性和可持续性确立为农村共同富裕指数测度的3个一级指标，又进一步将其划分为36个细分指标。为了更好地监测我国及各区域共同富裕各指标现阶段所处的真实水平，钞小静、任保平（2022）采用五级分类法对3个一级指标、11个二级指标、13个三级进行评价。孙学涛、于婷、于法稳（2022）基于共同富裕的内涵构建了共同富裕的指标体系，包括富裕水平、城乡差距和区域差距三方面，11 个测量指标。

（4）四维度方案。吕新博、赵伟（2021）构建了包含教育、健康、生活水平和生活环境 4 个维度，共 12 个指标的共同富裕指标体系。蒋永穆、豆小磊（2022）构建了以 4 个一级指标（人民性、共享性、发展性、安全性）、14 个二级指标、34 个三级指标为支撑的共同富裕指标体系，谭燕芝（2022）从富裕度、共同度、共享性和可持续性 4 个维度，选取 18 个准则指标构建了农民共同富裕水平评价指标体系。许宪春等（2019）利用 4 个一级指标、20 个二级指标、49 个三级指标构建了“平衡发展指数”。黄意武（2022）认为，精神生活共同富裕评价指标体系主要包括社会主义核心价值观、国民素质、文化生产供给、公共文化服务、精神文化消费 5 个一级指标、14 个二级指标、41 个三级指标。

（5）五维度或七维度方案。徐鹏杰、张文康、曹圣洁（2023）从收入消费、医疗健康、教育文化、社会保障、生态环境 5 个方面选取 8 个指标，分别从富裕和共享两个维度测度农民农村共同富裕发展水平。王瑜（2022）将农村居民生活富裕体现为收入、就业、居住、健康、教育、信息、主观福利 7 个维度、14 个指标。韩保江（2021）构建了全体人民共同富裕的定量测量框架，该框架体系以“经济发展”“社会结构”“居民收入与财产”“公共产品可及性”“人民生活质量”“收入分配 公平度”“生命健康”为一级指标，33 个二级指标。

五、共同富裕的时代挑战

根据学界研究梳理，在乡村实现共同富裕的过程中面临着五大时代挑战：一是共同富裕的差距，分别为收入差距、城乡差距和区域差距（叶敬忠，胡琴，2022）。农民富裕富足不充分，农村居民收入增长动能不足，城乡绝对收入差距不断扩大，财富代际传递加剧贫富差距；农村居民生活水平落后于城市，消费升级速度慢于城市（赵培，郭俊华，2022；金银亮，2022），收入分配制度仍不完善；机会不均引致个体发展动力有待加强（罗明忠，2022），行业间工资性收入差距较为显著（张青，郭雅媛，2022；詹国辉，戴祥玉，2022），尚未形成合理的收入分配格局（罗娟，彭伟辉，2022；王政武，郭雅玲，陈春潮，2022），城乡二元体制有待破除（韩文龙，唐湘，2023）。二是乡村产业基础薄弱。当前，乡村产业发展基础薄弱，现代产业体系构建不完善（刘明月，汪三贵，2022）；农村基本建设水平相对低下，农村生产性配套硬件相对落后（杨涛，2023），农业现代化发展水平低（张青，郭雅媛，2022）；产业结构单一、土地资源不足、负债数额较高且融资困难（杜志雄，2022）；城乡融合发展面临多重阻力，资源要素流转不畅，乡村经济缺乏活力；乡村产业升级难以启动，城乡融合发展道路受阻（赵培，郭俊华，2022）。农村集体产权制度改革的质量也有待提高，农村集体财富增长较慢（李冠霖，史作廷，2023）。三是乡村公共服务配套不完善。乡村基础设施建设起步晚、效率低，与城市相比差距较大（赵培，郭俊华，2022）；基本公共服务水平较低，发展不平衡现象依然存在（金银亮，2022）；资源配置不均，机会均等、公共服务供给均等化水平尚待提高（罗明忠，2022；周文，唐教成，2022；张行发，徐虹，王彩彩，2022），城乡要素市场存在制度壁垒，双向流通不畅（刘明月，汪三贵，2022），四是乡村人才严重紧缺。乡村振兴专门人才紧缺明显，农村人口结构性流失严重，农村人才教育基础薄弱，农村人才建设制度不够健全（杨涛，2023），五是发展要素保障能力不强。农户与经营主体利益联结机制不完善，乡村发展要素保障能力不强，劳动力特别是高素质劳动力供给不足，乡村土地碎片化问题突出，部分地区乡村振兴金融支持保障不足（王政武等，2022）。

六、共同富裕的实现路径

实现共同富裕是一个全面系统工程，国内学者从不同的角度探讨了共同富裕的实现路径。从发展的角度要推动经济高质量发展，夯实共同富裕的物质基础（胡承槐，陈思宇，2022；梁峰，李家林，2022；杨文圣，朱叶，2022），满足全体人民日益增长的美好生活需要；从共同主体的角度，要发挥主体的能动性，找准推进共同富裕的微观着力点（谢地，贺城，2023），尊重人民群众主体地位，弘扬勤劳创新致富精神（袁媛，2022），激发市场主体活力，健全市场有效运行机制，形成全面开放格局；从城乡融合一体化角度，要在城乡间实现空间融合、资源融合与制度融合，以城乡融合发展激活城乡社会的内在活力（李宁，

2022），盘活农村宅基地和农村工业用地，开辟农村工业用地市场，探索农村资源与城市资金相结合的长效机制（杨文圣，朱叶，2022）；从公共服务角度，要进一步破解发展不平衡、不充分难题，破解乡村公共服务效率低下难题（黄祖辉，叶海键，胡伟斌，2021），要赋权强能、并轨融合（罗明忠，2022），补齐补强基本公共服务短板弱项，推进基本公共服务均等化（吴磊，周玲，唐书清，2023）；从分配公平角度，改革收入分配制度，探索经济层面的制度和政策安排，缩小收入差距，扩大中等收入群体，提低、扩围、稳中、调高、补充，构建以共享为核心的民生福祉制度体系，大力提升民生福祉水平（乔惠波，2022）；从基础治理角度，要运用党组织、国家、市场和公司 4 种外来制度逻辑，共同构成乡村治理体系（徐凤增，袭威，徐月华，2021）；从政策机制角度，要构建具有发展内生性的社会经济保障政策体系、发展主体性的社会赋能政策体系、发展互助性的社会凝聚政策体系、发展均衡性的社会共享政策体系、发展融合性的社会整体发展政策（贾玉娇，2023），深化农村土地制度改革，完善承包地“三权分置”制度（张远新，2022），完善乡村产业带动农民就业增收提能的利益联结机制（姜长云，2022），构建产权价值显化的利益分享机制、社会资本融入的创利增利机制（郭晓鸣，丁延武，2023）、公益慈善体制机制（蒲清平，向往，2022）。

第三节　乡村旅游高质量发展促进共同富裕研究综述

乡村旅游是实现共同富裕的重要路径，当前，国内学者主要从乡村旅游资源开发与共同富裕、乡村旅游共享与共同富裕、乡村旅游生计与共同富裕、乡村旅游收入差距与共同富裕、乡村旅游促进共同富裕存在的问题及实现路径等方面开展了系统的研究。

一、乡村旅游高质量发展与共同富裕

（一）乡村旅游资源开发与共同富裕

乡村旅游资源开发是实现共同富裕目标的基础，在新的时代使命驱使下，以共同富裕目标指导乡村旅游资源开发，具有提升资源价值和推进全面乡村振兴的双重意义（孙九霞，2023）。乡村旅游在助力减贫、促进社会公平和满足精神文化需求方面有突出贡献，充分契合共同富裕的实现进程（孙九霞，2023）。因此，要实现共同富裕，关键是通过乡村旅游资源的开发与利用实现乡村创新发展，在资源利用上，重视乡村文化资源传承和利用，艺术赋能乡村旅游资源开发，并通过数字经济赋能破解乡村发展难题（孙九霞，明庆忠，许春晓等，2023），要从改革的视角强化乡村旅游的服务角色定位，在不同资源开发阶段，要强化其不同的功能：即在资源梳理与挖掘阶段，要强化乡村旅游的正向功效；在内容规划与提升阶段要解决乡村旅游开发委托代理问题；在实施与运营管理阶段，要统筹要素配置（丰晓旭，2023）。通过以集群创新、精益运营、协同治理、开放协作和数字赋能为内容的资源价值创造，实现乡村的经济增长、“红绿融合”和村民增收（李杰义，胡静澜，2022）。

（二）乡村旅游高质量发展与共同富裕

乡村旅游高质量发展与共同富裕两者相互作用、良性互动，共同富裕是乡村旅游高质量发展的最终目标与题中应有之义，对乡村旅游发展具有引领和导向作用。乡村旅游高质量发展的各大要素完美契合了共同富裕的内在要求，是实现农民农村共同富裕的有效路径选择（王兆峰，邹佳，2023）（见图 2–3）。共同富裕视域下乡村旅游高质量发展的科学内涵应从产业升级与经济发展、文化振兴与文脉延续、生态保护与绿色发展等方面理解（王金伟、朱竑、宋子千等，2023）。农业景观化、乡村城镇化和农民职业化是形塑生态—经济—生活“三位一体”格局的关键因素，也是促进农业农村高质量发展及走向共同富裕的基本前提，通过生态—旅游引领，可以推动农业农村高质量发展并走向共同富裕（张奎力，肖金光，2022）。在助力实现共同富裕的过程中，旅游业的高质量发展要以创新为动力，以协调为内生结构，以绿色为发展方式，以开放构建新发展格局，以共享为最终目的（李鹏，邓爱民，2022）（见图 2–3）。

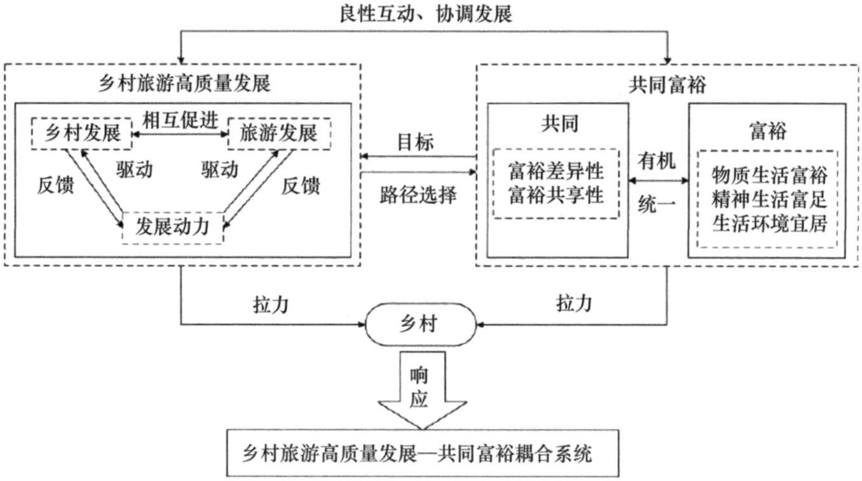

图 2–3　乡村旅游高质量发展—共同富裕耦合系统

（三）乡村文旅产业融合与共同富裕

乡村经济发展势必要打破农业的传统产业属性而同其他产业产生越来越紧密的联系与融合，进而促进农民共同富裕（杨筱明等，2023）。文旅融合是实现乡村高质量发展的有效路径，也是缩小城乡差距，实现共同富裕的必由之路（刘偌妍，2022）。文旅融合在促进共同富裕方面具有显著的比较优势，乡村文化旅游通过乡村旅游与乡村文化资源的关联互动和创新发展有效推动乡村文化振兴，进而助力乡村振兴（陈彪，曹晗，2022）。戏曲和旅游高质量融合发展不但有助于物质富裕和精神富裕的统一，而且成为彰显人文之美、生态之美和和谐之美的重要力量（刘晓丽，2022）。体旅融合能够推动区域经济发展（谷佳奇等，2022），促进群众体育参与，提高人力资本水平，改善居民生活方式，助推精神文明建设（郭子瑜，陈刚，2023）。城乡文化融合发展能够解决城乡文化发展不平衡、不充分等问题（刘洲彤，刘淑兰，2023）。在实践中，文旅融合促进共同富裕仍面临一些基础性、体制性、市场性、利益联结性障碍（郑自立，2022），应从活化文化资源、改进市场体系、构建利益联结机制等方面入手，以实现产业融合促进共同富裕。

（四）乡村旅游促进共同富裕的模式

乡村的资源禀赋不同，决定着不同的旅游发展路径，景区依附型、文化遗产型、新型“三农”型的外源因素各异（王淑佳，孙九霞，2022）。乡村旅游开发的主导力量不同，相应地形成“自下而上”的农户自发型、“自上而下”的政府主导型和“自外而内”的资本输入型3种典型模式（董雪旺，2022）。以共享发展促进共同富裕是旅游驱动下“三产”融合型乡村振兴有效实现的内在机制（郑永君等，2023），是以“共有—共建—共治—共享”为体系的村社集体经济共同体促进农民农村共同富裕的基本逻辑框架（申云等，2023），在跨越式高质量发展推进共同富裕的实践过程中，共富联盟（李文博，2022）、“飞地”抱团联富型、资产盘活带富型、乡村经营创富型、改革赋能促富型和服务创收奔富型（曾现锋，2022）、产业赋能型的企业“两体三联”模式、内生动力型的村民“资产盘活+资源开发”模式（郭峰，2023）、文化旅游共同体等模式，对促进农民农村共同富裕具有时代价值。

二、乡村旅游高质量共享与共同富裕

公平是共同富裕的核心要义。乡村旅游空间正义受到禀赋要素、治理要素中的分配方式、制度和政策，规划要素中的参与方式、公平分配要素等的影响（张圆刚，2022）。因此，既要把旅游经济“蛋糕”做大，又要把旅游经济“蛋糕”分配好，构建第一次分配、第二次分配、第三次分配相结合的分配制度与分配体系，旨在发挥市场、政府、村落等分配主体在推动共同富裕中的协调作用（李军明，李军，2022）。共享发展理念注重旅游公平正义问题的解决，乡村旅游共享发展模式是解决当前旅游发展中各种矛盾和冲突的迫切需要。乡村旅游共享发展模式的构成因子包括共建共享主体、共建共享平台、共建共享方式、共建共享机制（郭碧君，2019）。乡村旅游促进共富要统筹资源与市场，以好创意创造大市场；统筹利益与治理，以好机制激发大能量（吴正海，范建刚，2021）。强化居民参与与制度信任，制度信任有助于促进居民参与共同富裕示范区建设的意愿（张安民，2021）。乡村旅游在不同发展阶段需要平衡“效率”与“公平”的问题，利益分配机制的主观公平性决定了公司与村民合作的稳定性（项琪琪，方晴，张雪晶，2022）。

三、乡村旅游生计与共同富裕

旅游生计是当地居民重要的收入来源，旅游生计对共同富裕有着直接的影响，旅游生计对社会关系和谐、收入水平增加、贫富差距缩小影响较大，呈正相关关系（应晓欣，2022）。乡村旅游对不同类型居民的生计发展均存在显著影响（李冬花等，2023）。对农民农村共同富裕的推动正处于一个由表及里、从显性变化到内生发展的过程之中，相较于企业主导的民宿型模式，社区主导的研学型模式是更契合共同富裕内涵的革命老区乡村旅游发展模式（张瑾等，2023）。旅游主导、旅游参与型居民需要围绕社会网络关系展开生计优化行动（李冬花等，2023）。在廊道旅游地，挖掘农户自身及旅游地双重尺度的生计长板，构建更大的旅游地生计命运共同体，基于“人”和“地”双重尺度的调控措施能够为旅游地可持续研究提供新的理论视角与分析方法（杨钊，2023）。

四、乡村旅游收入与共同富裕

乡村旅游发展的区域不平衡是制约乡村共同富裕的突出问题（张圆刚，2023）。旅游经济发展显著促进了共同富裕，既提升了总体富裕水平，又具有“分好蛋糕”的共享效应（沈庆琼，2022）。旅游发展减小城乡收入差距的影响机制主要表现为旅游发展对农村人均实际收入具有显著正向关系（赵磊，2011）及劳动力本地化就业率的提高。缩小城乡差距有利于补齐共同富裕的农村发展短板，缩小城乡公共服务差距（余丽生等，2022），对促进基本公共服务均等化有正向影响（张东徽等，2022）。发展乡村旅游有助于在整体上缩小城乡收入差距，并且该效应在中西部地区更显著（黄细嘉等，2023），提高了景区家庭收入水平，其中城镇景区对家庭收入的提高更为明显（郭为等，2022）。从目前发展来看，农村居民福利改善的速度既落后于城镇居民，也落后于财政收入增长，随着旅游服务密度的提高，城乡收入差距和消费差距大体经历了一个先升后降的过程（麻学锋，孙根年，2011）。

五、乡村旅游促进共同富裕的问题研究

乡村旅游开发与共同富裕目标存在较大差距，不同地域与不同群体在乡村旅游资源开发的效率、水平、能力方面存在多重差距（孙九霞等，2023）。其面临的困难主要来自：一是城乡要素市场壁垒，包括劳动力要素流动的隐形壁垒、土地要素交易的制度壁垒、资本要素下乡的经营壁垒（李实等，2021）；二是乡村旅游发展多重矛盾，因挤占生活资源而导致的景区与村民之间的矛盾，因忽视居民利益导致的政府与村民的矛盾，因无序竞争而诱发的村民与村民之间的矛盾，因产生抵制情绪而导致游客与村民之间的矛盾（蔡保忠，汪黎明，李晶等，2022）；三是集体经营性资产收益分配不公平、不合理，制度供给不足（郭峰，2023；张言庆，马波，2023）；四是乡村旅游发展人才吸引难题；五是乡村旅游产业制度改革有待完善，利益分配机制有待构建；六是其他方面的问题，包括思想认识误区、主观能动性不足、农村生产配套条件落后，基础设施不完善等。

六、乡村旅游促进共同富裕的对策研究

乡村旅游促进共同富裕要围绕“乡村旅游高质量发展、城乡融合发展、人的全面发展”，构建乡村旅游资源“有效开发、协同开发、可持续开发”的创新路径（孙九霞等，2023）；要始终坚持绿色发展、可持续发展的价值导向，推动先富带后富，以数字经济创新驱动乡村旅游经济发展（吴宁，杨洁，何佑雯，2022）；要深化农村产业体制改革，健全乡村旅游发展机制，实施农民股份制，壮大新型农村集体经济（王彩彩等，2023）；进一步完善乡村价值共创相关制度，“增温”乡村共同富裕的“传温链”；拓展价值共创主体与渠道，提高乡村价值共创信度和共同富裕效度（王璐，皮常玲，郑向敏，2022）；通过

公平利益分配、文化权益保障等方式实现村民物质富裕与精神文化设施完善（张行发，徐虹，2022）；坚持党组织领导，促进共生系统生态稳定；重视乡村旅游人才培育，打造高素质的人才队伍（王金伟等，2023）；加大制度供给和财政投入，增强农民主体意识，激发内生发展动力；提高农民的组织化程度，用组织合力提升乡村社会主体性；优化组织形态，构建融合开放的乡村旅游经营体系（张言庆，马波，2023）。

第四节　乡村旅游高质量发展促进共同富裕的目标旨归

一、乡村旅游高质量发展的内涵

关于对乡村旅游高质量发展内涵的理解，应该以高质量发展的内涵为基础。本书认为乡村旅游高质量发展内涵包含 4 个方面：资源高质量转化、市场高质量转化、环境的高质量与治理的高质量。

（1）乡村旅游的高质量是乡村资源转化的高质量。乡村旅游资源内容多样、类型丰富。然而，在乡村旅游资源转化的过程中存在 3 种路径：一是高质量的乡村资源转化为高质量的产品。此种路径是一种最佳的状态，这需要精妙策划、精准营销、精细管理；二是高质量的乡村旅游资源转化为中质量的产品，这是当前普遍存在的一种现象，这由多种原因造成，与乡村旅游的前期策划、开发、投资有直接关系；三是高质量的乡村旅游资源尚未实现转化，或转化为低质量的旅游产品。因此，基于新时代高质量发展的价值取向、发展原则、目标定位、价值取向与衡量标准，要实现乡村旅游资源的高质量转换，要践行“创新、协调、绿色、开放、共享”五大发展理念，以创新为驱动、协调为手段、绿色为方式、开放共享为目的，从而实现乡村资源要素的高质量聚集、高效率利用、高质量协同，以及城市与乡村一体化发展、农村农民农业组合化利用（见表 2–5）。

表 2–5　乡村旅游高速增长与乡村旅游高质量发展的价值伦理内涵比较

内容	高速增长阶段	高质量发展阶段
价值取向	快速增长偏向	高质量发展导向
价值层面	物质的、经济的	物质的、生理的、精神的、生活的
价值路径	投资–建设–营销–分配	投资—建设—营销—分配—消费—评价—监管
发展方式	要素驱动，“扬长避短”的非均衡式发展	要素驱动，“扬长补短”的均衡式发展
资源配置方式	政府主导	市场主导与政府主导结合
评价对象	接待量、总收入等经济指标	社会、经济、文化、生态等综合性指标
衡量基准	规模、数量、增速、增长比例等	质量、效益、效应、效果
具体表现	客观价格、利润等	带动性、富民性等

（2）乡村旅游的高质量是乡村市场转化的高质量。客源市场的质量包括几个方面内容：一是客源市场的数量与客源市场的质量。客源市场的数量与乡村旅游客源的广度、宽度及产品的知名度有关。乡村游客来源越多，其客源结构越稳定，客源市场结构宽度越宽，其客源市场来源的群体潜在性越大。二是客源市场的质量与客源群体质量、游客消费潜力与游客消费质量有关。对于乡村旅游高质量的衡量不能仅以游客接待规模、接待数量为主要衡量标准，更要以游客的消费规模、消费质量和游客留宿量为参考指标；乡村旅游的高质量发展要从单一的数量扩张向质量效益综合提升转变，从大规模的项目投资、企业投资向“精改造”“微提升”转变，从单极突破、一点独大的不均衡、散弱化状态向区域均衡化、一体化方向转变。

（3）乡村旅游的高质量是乡村环境营造的高质量。乡村旅游环境包括乡村自然环境、乡村人文环境、乡村政策环境等。乡村自然环境由山、水、林、田、湖、草组成，它们之间是相互依存、相互促进、相互制约的关系，并由此形成一个“生命共同体”，乡村自然环境高质量的表征在于高质量维护“生命共同体”；乡村人文环境包括乡村的风土人情、民俗文化和人文积淀等，乡村人文环境的“温度”决定了乡村旅游的“温度”与“包容度”，乡村人文环境的亲和性决定了乡村主客关系的质量，因此，乡村旅游人文环境的高质量体现在高质量的“主客”关系的构建上；乡村政策环境包括乡村旅游的投资政策、营商政策等，当前乡村旅游发展需要一个良性、稳定的营商环境，给旅游社会投资商与企业一个稳定的心理预期。

（4）乡村旅游的高质量是乡村有效治理的高水平。乡村旅游有效治理是乡村治理现代化的重要内容。乡村旅游有效治理包括乡村旅游管理的科学性、乡村旅游运营的科学性以及乡村旅游治理的科学性。乡村旅游管理的科学性体现在对资源开发、产品、市场、形象等方面的有效管理；乡村旅游运营的科学性体现在乡村旅游的市场化、资本化与商业化运营，乡村旅游的高质量发展需要有高效而专业的运营团队；乡村旅游治理的科学性主要强调社区关系、主客关系、企业与居民关系、政企关系形成一个利益的共同体，从而凝聚力量，实现乡村旅游的可持续发展。

二、乡村旅游高质量发展的特征

（1）系统性。高质量发展不只是一个经济要求，而是对经济社会发展方方面面的总体要求，不只是对经济发达地区的要求，而是所有地区发展都必须贯彻的要求，不是一时一事的要求，而是长期坚持的要求。乡村旅游的高质量发展不仅包括旅游经济的整体高质量，同时也包括旅游资源开发、旅游产品建设、旅游消费市场、旅游服务监管、旅游科技研发等相关要素内容的高质量。这些要素之间相互影响、相互作用推动旅游产业整体高质量发展，同时相互制约、相互牵制，反向阻碍乡村旅游产业整体的高水平推进。

（2）带动性。乡村旅游高质量发展体现在具有极强的产业带动性与辐射性。投资、出口、消费是拉动经济增长的“三驾马车”，旅游业在拉动投资、增长外汇、促进消费方面的作用有目共睹，乡村旅游是拉动乡村经济发展的主要动力之一和有效手段。乡村旅游的带动性主要表现在以下几个方面：促进乡村社会经济增长、促进居民收入增长、促进乡村企业创收、促进乡村集体经济实力增强等。

（3）创新性。创新是乡村旅游高质量发展的核心特征之一，是解决旅游高质量发展动力问题的强大因素。对于旅游来说，任何一种形式创新都是推动乡村旅游高质量发展的内生动力。在数字时代和文创时代，乡村旅游高质量发展的创新性体现在乡村旅游产品与服务的创新。市场的变革必然对乡村旅游新的投资模式、新的产品形态产生一定促进作用，使乡村旅游突破传统农家乐形式，向复合型、度假型乡村旅游目的地转变；乡村旅游高质量发展是以人才为支撑的创新发展，人力资本的积累是乡村旅游高质量发展的重要支撑与驱动源泉。创新性的人才包括乡村旅游运营人才、管理人才、营销人才、策划人才、乡村创客等，它们的数量与质量在一定程度上影响着乡村旅游发展的质量。乡村旅游的创新性在一定程度上以企业科技为载体，乡村旅游企业通过新技术导入，实现乡村旅游产业的迭代升级。

（4）动态性。乡村旅游高质量发展是一个渐进的动态过程。乡村旅游高质量发展是一个相对概念，乡村旅游是载体，高质量是目标，阶段表明是一个转化的过程。乡村旅游高质量发展的本质涵义是从低质量向高质量跨越、从低水平向高水平渐进的循环过程。乡村旅游高质量发展是相对与绝对的统一，所谓相对，是一种比较方式，在不同的时间、空间范围内是一个相对的概念。所谓绝对，就是其发展的内在要求是绝对的，要求高质量发展。乡村旅游高质量发展是静态与动态的统一，是客观与主观的统一。它会随着时间推移、客观条件变化、内部要素变革等不断完善和丰富。随着发展阶段进化以及发展目标改变，乡村旅游高质量发展的要求、评价标准等也随之变化。

（5）共享性。普惠性与共享性是乡村旅游高质量发展的本质要义。乡村旅游高质量发展的终极目的是创造高品质的生活，创造高品质的生活要更加注重旅游事业的属性培育以及旅游公共服务产品的供给。因而，乡村旅游高质量发展的重心在于兼顾外来游客及本地市民双重需求，服务于社会福祉及人的全面发展。通过旅游来促进社会公平、居民幸福，让旅游发展成果惠及民众。从严格意义上而言，乡村旅游高质量发展的出发点与落脚点都应是以人民为中心，不断满足人民群众日益增长的美好生活需要，以普惠性、共享性为标准，助力共同富裕。

三、乡村旅游高质量发展的旨归

从长远来看，中国式现代化是中国未来一个时期的内重大战略导向与战略目标，中国式现代化是全体人民共同富裕的现代化。共同富裕是中国特色社会主义的本质要求，也是一个长期的历史过程。乡村旅游是实现共同富裕的战略抓手，主要体现在 3 个方面。

（1）从宏观的长远目标而言，通过乡村旅游的发展全面推进农村现代化、农民现代化及农业现代化，通过长期的努力，基本把乡村建成新时代文化高地、幸福生活高地、产业发展高地、现代化治理高地，以及中国向世界展示中国式现代化最重要、最生动、最具有表现力的窗口。以乡村旅游发展为支撑，人民群众的文化和旅游权益得到有效保障，社会公平与正义成为新时代乡村的主旋律。对于县域城市而言，从长远来看，要打造成为国际的乡村旅游目的地和中国向世界展示中国式现代化的生动案例地。

（2）从中观视角来看，以满足新时代、新常态下民众的品质生活需求为导向，聚焦未来乡村、未来农业、职业农民发展趋势，立足现代化视角，树立国际化视野，秉承数字化思维，优化乡村文化旅游公共服务设施，以旅游化进程推进乡村设施便利化与全域化布局，促进城乡一体化进程；通过乡村政策完善、标准制定、设施配套、布局优化，促进乡村文化旅游公共服务体系的完备化，提升群众生活满意度、安全感、获得感与幸福感，让旅游促进共同富裕取得明显实质性进展。

（3）从微观层面来看，乡村旅游促进共同富裕的微观或者近期目标是构建乡村旅游共富单元。即以产业化思维、创意化表达、运营化管理，促进乡村旅游产业集聚化发展，形成乡村旅游带动共同富裕的规模化平台；以乡村旅游促进共同富裕为切入点，鼓励探索转型、改革创新、先行先试，通过示范引导、标准落地、样板打造，高标准、多层次的共同富裕现代化基本单元基本建成，全面参与、人人共享的均衡图景开始形成。以旅游推动基层治理体系和治理能力现代化程度全面提升，社会公共空间、服务空间、文化空间、休闲空间、运动空间得以营造，面向全人群服务的格局基本形成（公丕明，2022）。

第五节　乡村旅游高质量发展促进共同富裕的理论支撑

一、共享发展理论

共享是一种新的发展理念，从经济学角度而言，共享经济成为新的经济模式。共享经济的关键点在于资源整合、资源最大利用和社会信任及相关数字平台支撑。2015 年 10 月，在党的十八届五中全会上，习近平总书记首次提出创新、协调、绿色、开放、共享的发展理念。共享发展就要坚持“全民共享、全面共享、共建共享、渐进共享”。全民共享回答了共享主体问题，即“谁来共享”的问题，要坚持以人民为中心，让发展成果惠及民众；全面共享回答了共享的客体问题，即“共享内容”，在中国式现代化进程中要突出共享的全面性、整体性，要在经济、社会、文化、政治、生态等领域实现共享；共建共享回答了“共享方式”问题，即“如何共享”，要发挥民众的主观能动性，要人人参与、人人尽力、人人享有，从而要做“大蛋糕”，分“好蛋糕”；渐进共享回答了“共享过程”问题即“如何推进”，共同富裕是一个渐进式的过程，共享也是一个渐进式过程，既要兼顾均衡性，又要兼顾差异性，推进共享发展，逐步实现共同富裕（郑永君，李春雨，刘海颖，2023）。共享是共同富裕的本质内涵，与共有、共建构成了“三共一体”的协同关系，三者紧密联系、相互支撑，互为一体（杨文圣，李旭东，2022）。

二、分配公平理论

公平是社会发展的基础。人们对公平的研究可以追溯到柏拉图及亚里士多德时代，他们多从哲学及伦理的角度论述了公平的概念、价值。亚当·斯密、边沁、罗尔斯等从经济学、政治经济学、社会学等角度研究了社会公平分配的原则、理念等，而后一些学者从组织行为学或管理学的角度探讨了组织公平的概念、内涵及维度。公平包括分配公平、程序公平与互动公平，有学者提出信息公平也是公平的重要组成部分。分配公平也称为结果公平，指的是人们对公平结果的感受。1965 年，Admas 在相对剥夺感等群体行为理论的基础上提出了公平理论，Deutsch（1975）进一步指出，分配过程中要遵循“公平、平等和需求”三个原则；Leventhal（1976）提出“公平判断模型”。以上学者的研究奠定了分配公平理论的基础。

国内学者把公平理论应用于旅游研究领域，开展旅游公平相关的系列研究。旅游公平指的是居民在旅游资源的利用、旅游权力、旅游利益和旅游机会等分配和使用上的合理性，其核心是“人人有机会参与旅游”（黄秀琳，2011）。旅游利益的分配应该建立在平等、公平的基础上（王德刚，2012）。在空间尺度上，旅游公平性体现的是当代人之间旅游发展普惠的问题，在时间尺度上，体现的是当代人与后代人配置资源的问题（汪秋菊，刘宇，2014）。宏观层面的旅游公平关注公民旅游权利的公平和享有、旅游利益的分配公平与平等、旅游公共资源和公共服务的享有与利用、旅游空间开发的公平与正义、旅游参与机会的均等和公正（汪秋菊，刘宇，2014；刘晓静，梁留科，2015），其核心是“人人参与、人人共享”（黄秀琳，2011）。

三、社区增权理论

增权关注的是弱势群体权利提升与社会能力的提高。1969 年，谢莉·阿恩斯坦（Sherry Arnstein）发表著名的论文《市民参与的阶梯》，把公众参与分为 8 个阶梯。1987 年，拉帕波特（Rappaport）对社区心理增权的概念、发生条件与时间、社区心理增权理论的目的、社区心理增权理论研究的重要性、社区心理增权的现象，以及社区增权生态学的理论框架进行了系统研究，其初步勾勒了增权研究的理论基础。Conger 与 Kanungo（1988）在《增权过程：综合理论与实践》中从企业管理的角度探讨了增权的结构、增权的过程、增权影响的因素、增权的实践以及行为效果，对增权理论进行了丰富。1999 年，Scheyvens 正式将增权理论引入生态旅游研究中，并提出旅游增权包括政治、经济、心理、社会 4 个维度框架。旅游增权涉及个人、组织和社区 3 个层面。个人层面的增权包括学习决策技术、管理资源、与他人一起工作的能力；组织层面的增权包括共同责任、共同领导、参与决策的机会，目标指向于对社会决策的影响；社区层面的增权包括利用资源、开放的治理结构、包容多样化等（Zimmermanma，2000）。从实现共同富裕的角度而言，旅游增权就是要发挥社区居民的管理主体作用，提升旅游发展过程中的话语权、决策权等，推动利益分配和再分配的均衡与合理，实现社区旅游可持续发展。

四、产业集聚理论

产业集聚理论是关于产业集群促进区域经济增长的理论体系，主要包括分工与专业化理论、集聚经济理论、创新理论、内生增长理论等。分工与专业化理论、集聚经济理论认为，产业集聚是产业分工与产业专业化的必然结果，随着信息技术发展以及对物质生产领域带来的变化决定着劳动分工及其专业化，生产和企业规模小型化，大中小企业系列化、网络化将成为一种必然趋势（钱书法，2004）。分工与专业化理论及集聚经济理论是解释产业组织演进的重要理论，对乡村旅游产业集聚发展具有指导作用。根据熊彼特的创新理论，创新可以概括为5种类型：产品创新、技术创新、市场创新、资源配置创新、组织创新。对于乡村旅游而言，任何一种“创新性破坏”均会对乡村的产业运营与管理、基层治理与优化产生巨大影响，熊彼特的创新理论为乡村经济结构有序调整和合理创新提供了可靠的理论支撑。内生增长理论的核心思想认为，经济发展能够不依赖外力推动实现持续增长，知识积累、技术进步、知识外溢、专业化人力资本、有意识的劳动分工对经济增长具有决定性作用（苟文峰等，2019）。内生增长理论对乡村旅游高质量发展促进共同富裕具有重要的指导意义，即共同富裕的实现要发挥人力资本、知识资本、技术资本等内在动力作用。

五、经济增长高质量理论

经济增长质量理论是在对传统增长理论进行批判的基础上提出的。该理论的提出意味着提高经济增长由追求经济增长的数量向追求经济增长的质量转变。经济增长质量是由苏联经济学家卡马耶夫（1977）在其出版的《经济增长的速度和质量》专著中最先提出的，他认为不应该单纯片面地追求生产量的增长，经济的增长应注重产品质量、消费效果和生产资料效率的提高。随后，托马斯（2001）在出版的《增长的质量》研究报告中阐述，减少贫困和提高人民生活水平的根本影响因素在于增长方式和质量，而不是增长的速度。威廉·伊斯特利等（2005）的《在增长的迷雾中求索》、赫尔普曼等（2007）的《经济增长的秘密》、琼斯（2002）的《经济增长导论》等经济学著作关注“增长灾难”、经济增长中的收入分配不平等等问题，使经济增长理论从研究经济增长的动力、源泉转向了研究经济增长的质量与产生的后果。

第三章　乡村旅游高质量发展促进共同富裕的逻辑机理

乡村旅游高质量发展促进共同富裕是在各种动力的作用下产生的，乡村旅游高质量发展促进共同富裕具有一定的内在逻辑与机理。本章旨在通过定性与定量结合的方法，分析乡村旅游高质量发展促进共同富裕的作用机理。

第一节　基于乡村旅游视角的共同富裕维度探索

一、研究方法

（一）定性分析方法

本研究定性研究主要采用社会语义网络分析方法，目的是分析访谈过程中的关键信息与关键节点，从而构建共同富裕相关的要素，为共同富裕的维度构建及测量、作用机理探讨奠定理论基础。

访谈采用半结构式，首先设定一个访谈提纲，根据访谈提纲，对乡镇领导及28个村的主要领导进行访谈。针对所涉及的乡镇的主要领导询问5个问题：当前本镇在共同富裕示范镇或示范村创建上产生哪些好的经验做法或存在哪些教训？当前本镇在共同富裕示范镇或示范村创建上采取了哪些措施？当前本镇在共同富裕示范镇或示范村创建上的优势或者基础条件有哪些？当前本镇在共同富裕示范镇或示范村创建上面临哪些挑战？下一步本镇在共同富裕示范镇或示范村创建上有哪些新的想法或举措？针对村里的主要领导询问 5 个问题：请介绍一下村庄的共同富裕发展或村庄的发展历程；当前本村在共同富裕方面或村庄发展方面的经验有哪些？从本村发展角度来看，都有哪些关键性因素影响或促进村庄的发展？当前本村在共同富裕示范村创建上存在哪些困难？哪些问题需要突破或解决？下一步本村在共同富裕示范村创建上有什么打算或措施？

运用 ROST.CM6.0 软件对提出的概念节点与关系链进行语义网络分析，本研究把整理出来的 20 万字的录音文本整理成 TXT 文件，导入 ROST 软件中进行分词与词频分析，过滤掉与研究主题无关的词语（如我、我们、可以、因此、这个等），统计得到本访谈的前 100 位高频词汇表（见表 3–1），并对高频词通过标签云转化成为可视化词云图（见图 3–1）。通过统计得出前 100 个高频词汇为富裕、旅游、村里、打造、文化、村庄、项目等词汇。

表 3–1　村民访谈高频词汇

高频词汇	频次	高频词汇	频次
富裕	331	投入	63
旅游	323	基地	63
村里	260	集体经济	62
打造	240	配套	61
老百姓	232	数据	61
文化	228	方案	61
村庄	225	美丽	60
项目	209	改造	58
收入	205	平台	56
村民	187	管理	56
乡村	187	合作	54
房子	172	想法	53
模式	169	增加	53
书记	165	结合	53
土地	153	优势	53
发展	149	专门	51
投资	135	过程	50
人家	131	条件	49

续表

高频词汇	频次	高频词汇	频次
特色	118	景区	49
政府	116	开发	48
基础	113	重点	47
规划	110	场景	46
运营	108	提高	45
集体	106	养殖	44
领导	103	周边	44
带动	101	乡镇	43
提升	94	参与	43
资源	94	房间	42
环境	93	业态	42
服务	92	体验	40
创建	87	思路	40
企业	83	县里	40
经营	77	乡贤	40
资金	77	对接	40
农业	75	形成	40
建设	75	人才	39
经济	74	办法	39
治理	73	示范	39
游客	73	定位	39
设计	72	客人	38
精神	67	挖掘	38
团队	67	概念	37
方向	67	装修	36
体育	66	老板	36
农村	66	研究	36
示范村	66	引进	36
设施	65	年轻人	36
路径	65	亮点	36
标准	64	利用	36
公共	64	培育	35

运用 ROST.CM6.0 软件对提出的概念节点与关系链进行语义网络刻画，经过

TXT 的分词处理之后，形成访谈数据的语义关系网络图（见图 3–1）。图中线条的疏密代表共现频率的高低，线条越密，表明共现次数越多，表示两者之间关联更加紧密。在图中可以看出，与“富裕”关系密切的是“旅游”，与“旅游”较为密切的为“特色”“村庄”“发展”“环境”。进而可以参考几条基本路径：富裕—提升—公共—设施；富裕—环境；富裕—村民—村庄—收入—集体经济；富裕—乡村—项目—投资等。因此，可将访谈基本内容归纳为几类主题，即环境改善、经济发展、乡村文化等，较为全面地概括了访谈的基本内容。

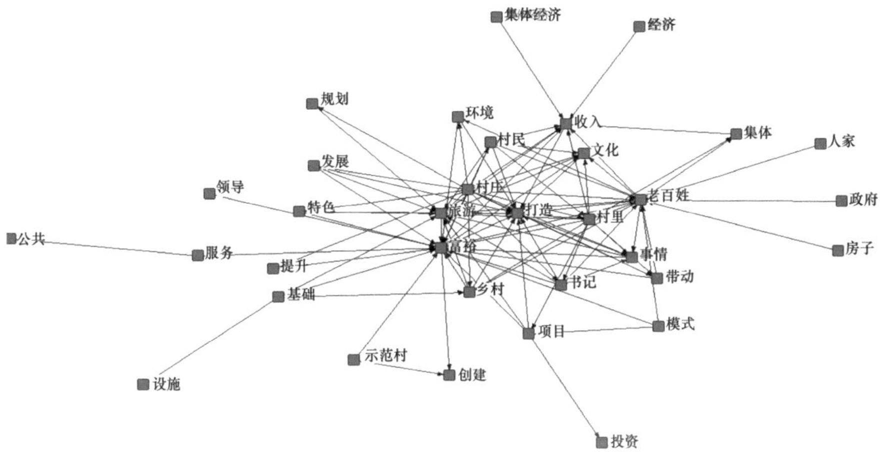

图 3–1　访谈词云

（二）定量分析方法

本研究以定量研究为主，借助 SPSS22.0、SEM 分析工具，以调研问卷取得的数据为基础，对问卷数据进行量化处理、检验与分析，从而分析共同富裕的维度。

二、共同富裕维度的探索

（一）变量定义及衡量

本研究把徐鹏杰、张文康、曹圣洁（2023），王瑜（2022），韩保江（2021），杨宜勇、王明姬（2021），高质量发展研究课题组（2020）的测量维度指标，借鉴到旅游中来，构建乡村旅游地共同富裕的5个维度：乡村环境改善、社区居民增权、乡村经济发展、社区关系和谐、文化设施完善（表3–2）。

（1）乡村环境改善，指在发展乡村旅游的过程中村庄的环境变美。乡村环境改善包括乡村的空气质量、人居环境、生态环境及河道治理等。本研究通过5个问项进行测量。

（2）社区居民增权，指在发展乡村旅游的过程中，乡村居民的旅游权利得以保障与提升。主要包括参与决策、发言权、表决权及参与的渠道与途径。本研究通过4个问项进行测量。

（3）乡村经济发展，指在乡村旅游发展的过程中，乡村经济得以发展，通过旅游使居民拥有机会或能力，持续获得经济利益，包括经济收入、工作机会、生活质量提高等。本研究通过4个问项进行测量。

（4）社区关系和谐，指在发展乡村旅游的过程中，乡村社会环境变优，社会稳定、邻里和谐、社会关系融洽和紧密。本研究通过5个问项进行测量。

（5）文化设施完善，指乡村的精神文化生活得以改变，在发展乡村旅游的过程中，乡村的文化设施得以改善，居民精神文化生活变得丰富。本研究通过3个问项进行测量。

为了统计便利性，乡村环境改善、社区居民增权、乡村经济发展、社区关系和谐、文化设施完善的测量采取李克特5级量表制，而不采取李克特7级量表制。1–5分别表示非常不同意、不同意、一般、同意、非常同意。

表3–2　共同富裕测量问项

共同富裕变量	测量问项	参考依据
乡村环境改善	1.我们村的空气质量很好（XCHJGS1） 2.我们村的环境适宜人们居住（XCHJGS2） 3.我们吃的蔬菜是自己家种的无公害蔬菜（XCHJGS3） 4.我们村的村落环境变干净了（XCHJGS4） 5.我们村的海水或河水变清了（XCHJGS5）	徐鹏杰、张文康、曹圣洁（2023），王瑜（2022），韩保江（2021），杨宜勇、王明姬（2021），高质量发展研究课题组（2020）

续表

共同富裕变量	测量问项	参考依据
社区居民增权	1.我可以参与本地旅游业的决策过程（SQJMZQ1） 2.我对本地旅游业发展有一定的表决权（SQJMZQ2） 3.我对本地旅游业发展有一定的发言权（SQJMZQ3） 4.我有对旅游业发展提意见的途径（SQJMZQ4）	徐鹏杰、张文康、曹圣洁（2023），王瑜（2022），韩保江（2021）、杨宜勇、王明姬（2021），高质量发展研究课题组（2020）
乡村经济发展	1.我可以从本地旅游业发展中获得更多经济收益（XCJJFZ1） 2.我家的经济前景依赖本地旅游业的发展（XCJJFZ2） 3.我的一部分收入来自本地的旅游业（XCJJFZ3） 4.本地旅游业提高了我的购买力（XCJJFZ4）	徐鹏杰、张文康、曹圣洁（2023），王瑜（2022），韩保江（2021），杨宜勇、王明姬（2021），高质量发展研究课题组（2020）
社区关系和谐	1.这里的人值得信任（SQGXHX1） 2.我可以向邻居们寻求帮助或支持（SQGXHX2） 3.人们在大街上经常问好并停下来和对方聊天（SQGXHX3） 4.旅游业发展加强了我与社区的联系（SQGXHX4） 5.旅游业发展培养了我的集体或合作观念（SQGXHX5）	徐鹏杰、张文康，曹圣洁（2023），王瑜（2022），韩保江（2021），杨宜勇、王明姬（2021），高质量发展研究课题组（2020）
文化设施完善	1.我们村的文化设施比较齐全了（WHSSWS1） 2.居民现在有地方娱乐和休闲了（WHSSWS2） 3.我们村的文化活动很丰富（WHSSWS3）	徐鹏杰、张文康、曹圣洁（2023），王瑜（2022），韩保江（2021），杨宜勇、王明姬（2021），高质量发展研究课题组（2020）

（二）样本特征描述

问卷调查从2023年3月12日开始至2023年5月30日结束。针对28个村，每个村共发放15份调查问卷，简单随机抽样调查。共发放420份调查问卷，回收416份问卷，回收率为99%，有效问卷392份，有效率为94.23%（表3–3）。

表3–3　问卷回收情况

地点	发放问卷	回收问卷	回收率（%）	有效问卷	有效率（%）
象山	420	416	99	392	94.23

描述性统计主要从样本的性别、年龄、学历、收入、是否参与旅游等几个方面分析，用以描述样本的类别、特征及比例分配情况。样本人口统计学特征如

下：被调查者在性别分布上以男性居多，占总数比例的53.3%；年龄分布上主要集中在25～64岁，占83.2%；受教育程度以中专及高中和初中及以下学历为主，占78.8%；被调查者个人月收入3000～5000元的居多，占44.1%，3000元以下的为30.9%，5000元以上的为25%；从参与旅游情况来看，参与旅游的人数较多，占比56.1%（表3–4）。

表3–4 样本描述性统计表

调查项目	类别	频次	百分比（%）
性别	男	209	53.3
	女	183	46.7
年龄	24岁以下	12	3.1
	25～44岁	167	42.6
	45～64岁	159	40.6
	65岁以上	54	13.8
学历	初中及以下	176	44.9
	中专及高中	133	33.9
	大专/本科	81	20.7
	研究生	2	.5
收入	3000元以下	121	30.9
	3000～5000元	173	44.1
	5000元以上	98	25.0
参与旅游	是	220	56.1
	否	172	43.9

（三）样本质量检验

（1）样本的正态分布检验。表3–5是对样本测量问项调研数据进行的正态分布性检验，一般认为，所有测量问项的偏度绝对值小于3且峰度绝对值小于8时，数据基本符合正态分布（Kline，2011）。从表3–5中可见，测量问项的偏度绝对值为0.213～1.602，都小于3，峰度绝对值为0.108～1.624，都小于8，因此可认为，本研究各测量问项的大样本调查数据基本满足上述临界值要求，说明适合使用结构方程式模型中最大似然法对数据进行参数估计。

表 3–5　样本正态分布

	N	平均数		标准偏差	偏度		峰度	
	统计量	统计量	标准错误	统计量	统计量	标准错误	统计量	标准错误
XCJJFZ1	392	3.72	0.049	0.972	–0.482	0.123	–0.158	0.246
XCJJFZ2	392	3.74	0.049	0.971	–0.516	0.123	–0.177	0.246
XCJJFZ3	392	3.58	0.052	1.023	–0.553	0.123	–0.108	0.246
XCJJFZ4	392	3.90	0.043	0.854	–0.328	0.123	–0.501	0.246
SQGXHX1	392	4.14	0.036	0.703	–0.469	0.123	0.268	0.246
SQGXHX2	392	4.26	0.033	0.659	–0.395	0.123	–0.506	0.246
SQGXHX3	392	4.05	0.038	0.762	–0.530	0.123	0.223	0.246
SQGXHX4	392	4.09	0.041	0.811	–0.767	0.123	0.748	0.246
SQGXHX5	392	4.05	0.041	0.817	–0.632	0.123	0.389	0.246
WHSSWS1	392	4.028	0.0417	0.8259	–0.271	0.123	–0.833	0.246
WHSSWS2	392	4.10	0.040	0.798	–0.403	0.123	–0.598	0.246
WHSSWS3	392	4.00	0.042	0.834	–0.213	0.123	–0.919	0.246
XCHJGS1	392	4.43	0.039	0.777	–1.602	0.123	3.277	0.246
XCHJGS2	392	4.38	0.036	0.715	–0.953	0.123	0.723	0.246
XCHJGS3	392	4.34	0.040	0.788	–1.198	0.123	1.624	0.246
XCHJGS4	392	4.27	0.039	0.763	–0.674	0.123	–0.228	0.246
XCHJGS5	392	4.21	0.040	0.795	–0.792	0.123	0.442	0.246
SQJMZQ1	392	3.75	0.047	0.935	–0.673	0.123	0.363	0.246
SQJMZQ2	392	3.71	0.048	0.955	–0.628	0.123	0.214	0.246
SQJMZQ3	392	3.84	0.047	0.936	–0.678	0.123	0.421	0.246
SQJMZQ4	392	3.87	0.043	0.859	–0.380	0.123	–0.154	0.246

（2）信度检验。本研究使用 SPSS22.0 软件，利用问项—总体相关系数（CITC）及内部一致性系数对测量问卷进行净化和筛选，删除不适当条款，从而提高量表整体的内部一致性（Churchill，1979）。一般认为，Cronbach 的 Alpha 系数大于 0.7 时，说明测量量表的信度符合基本要求，若大于 0.9 时，测量量表具有较高信度（Nunnally，1978）。本研究以 CITC 小于 0.4 作为筛选标准，以 Cronbach 的 Alpha 系数大于 0.7 作为参考标准。本研究先是对问卷的整体信度进行

了检验，结果显示 21 个测量项目的 Cronbach 的 Alpha 系数为 0.916，大于 0.9，各测量项 CITC，只有 XCHJGS3 小于 0.4，其他选项均大于 0.4。当删除此选项后，20 个项目的 Cronbach 的 Alpha 系数为 0.917，说明问卷整体信度较高（表 3–6）。

表 3–6　样本的 CITC 与信度检验

	尺度平均数（如果项目已删除）	尺度变异数（如果项目已删除）	更正后项目总数相关	Cronbach 的 Alpha（如果项目已删除）
JIFZ1	80.750	104.106	0.583	0.912
JIFZ2	80.722	105.905	0.489	0.914
JIFZ3	80.883	104.099	0.549	0.913
JIFZ4	80.566	106.599	0.527	0.913
SHFH1	80.327	108.553	0.516	0.913
SHFH2	80.204	107.943	0.601	0.912
SHFH3	80.421	109.426	0.414	0.915
SHFH4	80.380	104.605	0.684	0.910
SHFH5	80.416	103.957	0.720	0.909
XCHJGS1	80.038	108.635	0.455	0.915
XCHJGS2	80.089	108.992	0.476	0.914
XCHJGS3	80.122	109.816	0.374	0.916
XCHJGS4	80.196	107.238	0.557	0.912
XCHJGS5	80.258	106.238	0.595	0.912
SQJMZQ1	80.717	104.454	0.591	0.912
SQJMZQ2	80.758	103.524	0.626	0.911
SQJMZQ3	80.625	104.148	0.607	0.911
SQJMZQ4	80.597	105.771	0.572	0.912
WHFY1	80.439	105.669	0.604	0.911
WHFY2	80.362	106.001	0.607	0.911
WHFY3	80.467	104.822	0.650	0.910

（四）探索性因子分析

本研究对共同富裕的20个（删除XCHJGS3）测量项目进行探索性因子分析，主要采用下面几个步骤：首先，对样本量表进行KMO测度检验与Bartlett's球形检验，以考察量表是否适合做探索性因子分析。一般认为，KMO度量标准：0.9以上表示非常适合；0.8表示适合；Bartlett's球形检验统计量对应的概率P值大于显著性水平a则拒绝原假设，认为适合做因子分析，相反，则不可以。其次，用方差最大法对测量项目进行因子旋转，提取出因子。一般而言，提取因子都会提取特征值在1以上的，Kaiser（1960）认为根据特征根法则，删掉特征根小于1的因子。

本研究首先对共同富裕的测量量表进行KMO测度检验与Bartlett's球形检验，结果显示KMO值为0.900，大于0.70的临界值，且Bartlett's球形检验的统计值也达到了0.000的显著水平，说明共同富裕测量量表比较适合进行探索性因子分析（表3–7）。

表3–7　量表的KMO与Bartlett's球形检定

KMO与Bartlett's检定		
Kaiser–Meyer–Olkin测量取样适当性		0.900
Bartlett 's的球形检定	大约卡方	4728.015
	df	190
	显著性	0.000

本研究采用主成分的方法进行因子抽取，基于特征值大于1的抽取规则，因子旋转方法采用最大方差法输出旋转解，最大收敛性迭代次数设置为25次。表3–8给出了共同富裕探索性因子分析的输出结果，量表析出5个因子，累计解释了数据方差的71.941%。

其中，因子1汇聚的测量项目体现了居民权利方面的改进与提升，我们将其命名为“社区居民增权”；因子2体现了乡村经济方面的提高，我们将其命名为“乡村经济发展”；因子3体现了乡村生态环境方面的改善，我们将其命名为“乡村环境改善”；因子4体现了乡村社会关系方面的改进或改变，我们将其命名为

“社区关系和谐”；因子 5 体现了乡村文化设施方面完善与改进，我们将其命名为“文化设施完善”。由此可见，从乡村旅游的角度分析，共同富裕包括 5 个维度：即社区居民增权、乡村经济发展、乡村环境改善、社区关系和谐、文化设施完善。

表 3–8　共同富裕探索性因子分析

测量项	因子 1	因子 2	因子 3	因子 4	因子 5
	因子负载	因子负载	因子负载	因子负载	因子负载
SQJMZQ1	0.893				
SQJMZQ2	0.877				
SQJMZQ3	0.850				
SQJMZQ4	0.693				
XCJJFZ1		0.844			
XCJJFZ2		0.841			
XCJJFZ3		0.723			
XCJJFZ4		0.693			
XCHJGS1			0.846		
XCHJGS2			0.782		
XCHJGS4			0.732		
XCHJGS5			0.706		
SQGXHX1				0.823	
SQGXHX2				0.735	
SQGXHX3				0.701	
SQGXHX4					
SQGXHX5					
WHSSWS1					0.856
WHSSWS2					0.793
WHSSWS3					0.741
特征值（λ）		5.565		1.113	
对总方差的解释比例（%）			71.941		
信度 Cronbach’s a 系数			0.900		

第二节　乡村旅游地居民共同富裕感知差异（ANOVA 分析）

不少文献研究发现了性别、年龄、受教育程度、家庭年收入、区域所在地、是否参与旅游等人口统计学变量都会对居民旅游感知产生不同程度的影响，但也有文献得出不一样的结果，并未形成统一的结论，为了进一步研究居民共同富裕感知差异，本节使用 SPSS22.0 软件，通过单因素方差分析（ANOVA）的方法对不同人口统计学特征变量下居民的社区居民增权、乡村经济发展、社区关系和谐、乡村环境改善、文化设施完善的差异进行分析。分析前首先将社区居民增权、乡村经济发展、社区关系和谐、乡村环境改善、文化设施完善 5 个潜变量求均值，形成单一指标，再逐一分析它们在不同性别、年龄、教育背景、家庭收入、村庄类别、空间位置、参与程度等变量下的差异情况。

一、不同性别群体的感知差异

单因素方差分析的结果如表 3–9 所示，本研究中不同性别的居民在社区居民增权、乡村经济发展、社区关系和谐、乡村环境改善、文化设施完善，上均没有显著差异（$p > 0.05$），可见不同性别的居民对共同富裕的感知是一致的。

表 3–9　不同性别群体的感知差异

		平方和	*df*	平均值平方	*F*	显著性
社区居民增权	群组之间	1.751	1	1.751	2.651	0.104
	在群组内	257.596	390	0.661		
	总计	259.347	391			
乡村经济发展	群组之间	0.002	1	0.002	0.003	0.954
	在群组内	244.240	390	0.626		
	总计	244.242	391			
社区关系和谐	群组之间	0.228	1	0.228	0.661	0.417
	在群组内	134.769	390	0.346		
	总计	134.998	391			

续表

		平方和	*df*	平均值平方	*F*	显著性
乡村环境改善	群组之间	0.378	1	0.378	0.967	0.326
	在群组内	152.372	390	0.391		
	总计	152.750	391			
文化设施完善	群组之间	0.565	1	0.565	1.057	0.304
	在群组内	208.446	390	0.534		
	总计	209.011	391			

二、不同年龄群体的感知差异

单因素方差分析的结果如表 3–10 所示，本研究中不同年龄阶段的居民在社区居民增权、乡村经济发展、社区关系和谐、乡村环境改善、文化设施完善上均没有显著差异（$p > 0.05$）。可见不同年龄阶段的居民对共同富裕的感知是一致的。

表 3–10　不同年龄群体的感知差异

		平方和	*df*	平均值平方	*F*	显著性
社区居民增权	群组之间	0.738	3	0.246	0.369	0.775
	在群组内	258.609	388	0.667		
	总计	259.347	391			
乡村经济发展	群组之间	2.257	3	0.752	1.206	0.307
	在群组内	241.985	388	0.624		
	总计	244.242	391			
社区关系和谐	群组之间	0.486	3	0.162	0.467	0.705
	在群组内	134.512	388	0.347		
	总计	134.998	391			
乡村环境改善	群组之间	0.968	3	0.323	0.824	0.481
	在群组内	151.782	388	0.391		
	总计	152.750	391			
文化设施完善	群组之间	1.146	3	0.382	0.713	0.545
	在群组内	207.866	388	0.536		
	总计	209.011	391			

三、不同文化背景群体的感知差异

单因素方差分析的结果如表 3–11 所示，本研究中不同文化背景的居民在社区居民增权、乡村经济发展、社区关系和谐、乡村环境改善、文化设施完善上均没有显著差异（$p>0.05$）。可见不同文化背景的居民对共同富裕的感知也是一致的。

表 3–11 不同文化背景群体的感知差异

		平方和	*df*	平均值平方	*F*	显著性
社区居民增权	群组之间	0.986	3	0.329	0.493	0.687
	在群组内	258.361	388	0.666		
	总计	259.347	391			
乡村经济发展	群组之间	4.261	3	1.420	2.296	0.077
	在群组内	239.981	388	0.619		
	总计	244.242	391			
社区关系和谐	群组之间	1.625	3	0.542	1.576	0.195
	在群组内	133.373	388	0.344		
	总计	134.998	391			
乡村环境改善	群组之间	1.584	3	0.528	1.355	0.256
	在群组内	151.166	388	0.390		
	总计	152.750	391			
文化设施完善	群组之间	1.556	3	0.519	0.970	0.407
	在群组内	207.456	388	0.535		
	总计	209.011	391			

四、不同收入群体的感知差异

单因素方差分析的结果如表 3–12 所示，本研究中不同收入群体的居民在社区居民增权、乡村经济发展、社区关系和谐、乡村环境改善、文化设施完善上均没有显著差异（$p>0.05$）。可见不同收入群体的居民对共同富裕的感知也是一致的。

表 3–12　不同收入群体的感知差异

		平方和	*df*	平均值平方	*F*	显著性
社区居民增权	群组之间	1.079	2	0.539	0.812	0.445
	在群组内	258.268	389	0.664		
	总计	259.347	391			
乡村经济发展	群组之间	2.752	2	1.376	2.217	0.110
	在群组内	241.490	389	0.621		
	总计	244.242	391			
社区关系和谐	群组之间	1.717	2	0.859	2.506	0.083
	在群组内	133.280	389	0.343		
	总计	134.998	391			
乡村环境改善	群组之间	0.021	2	0.011	0.027	0.973
	在群组内	152.729	389	0.393		
	总计	152.750	391			
文化设施完善	群组之间	0.063	2	0.031	0.058	0.943
	在群组内	208.949	389	0.537		
	总计	209.011	391			

五、不同村庄类别的感知差异

基于象山滨海靠山的地理格局，本研究根据滨海与依山的属性把 28 个村分为滨海型村落（离海较近）与依山型村落（以山地为主）。单因素方差分析的结果如表 3–13 所示，本研究中不同类别的村庄的居民在社区居民增权、乡村经济发展、乡村环境改善、文化设施完善上具有显著差异（$p < 0.05$），而在社区关系和谐方面的感知差异不显著（$p > 0.05$）。从数据显示依山型村民的有社区居民增权（$M = 3.88$）、乡村经济发展（$M = 3.85$）、社区关系和谐（$M = 4.18$）、乡村环境改善（$M = 4.42$）、文化设施完善（$M = 4.16$）方面的感知均值明显高于滨海型村民的社区居民增权（$M = 3.59$）、乡村经济发展（$M = 3.48$）、社区关系和谐（$M = 4.09$）、乡村环境改善（$M = 4.4.11$）、文化设施完善（$M = 3.78$）感知的均值。

表 3–13　不同村庄类别居民的感知差异

		平方和	*df*	平均值平方	*F*	显著性
社区居民增权	群组之间	6.847	1	6.847	10.576	0.001
	在群组内	252.500	390	0.647		
	总计	259.347	391			
乡村经济发展	群组之间	11.836	1	11.836	19.862	0.000
	在群组内	232.406	390	0.596		
	总计	244.242	391			
社区关系和谐	群组之间	0.639	1	0.639	1.854	0.174
	在群组内	134.359	390	0.345		
	总计	134.998	391			
乡村环境改善	群组之间	8.007	1	8.007	21.576	0.000
	在群组内	144.743	390	0.371		
	总计	152.750	391			
文化设施完善	群组之间	12.022	1	12.022	23.802	0.000
	在群组内	196.989	390	0.505		
	总计	209.011	391			

六、不同空间位置的感知差异

基于 28 个村落空间分布的集中性特征，本研究以象山县城为中心，把 28 个村庄归入北部、南部、西部和中部 4 种空间类型，发现基于不同空间类型的村落居民在社区居民增权、乡村经济发展、社区关系和谐、乡村环境改善、文化设施完善的感知方面具有显著差异（$p < 0.05$）。

通过（LSD）及均值比较发现，在社区居民增权的感知上西部区域（$M = 4.25$）与北部区域（$M = 3.89$）、南部区域（$M = 3.699$）、中部区域（$M = 3.647$）的居民感知有显著差异（$p < 0.05$），而且南部区域（$M = 3.699$）与中部区域（$M = 3.647$）的居民感知也有显著差异（$p < 0.05$），在乡村经济发展感知上北部区域（$M = 3.38$）、南部区域（$M = 3.57$）分别与西部区域（$M = 4.25$）和中部区域（$M = 3.79$）的居民感知有显著差异（$p < 0.05$），西部区域与中部区域也存在显著差异；在社区关系和谐感知上北部区域（$M = 4.51$）与南部区域（$M = 3.85$）和中部区域

（$M=4.10$），南部区域（$M=3.85$）与中部区域（$M=4.10$）、西部区域（$M=4.25$）的居民感知有显著差异（$p<0.05$），西部和中部的居民感知也存在差异；在乡村环境改善的感知上北部区域（$M=4.51$）与南部区域（$M=4.31$）和中部区域（$M=4.22$）的居民感知有显著差异（$p<0.05$）；在文化设施完善感知上北部（$M=4.33$）、南部区域（$M=3.67$）和中部区域（M=3.98），南部区域（$M=3.67$）与西部区域（$M=4.53$）、西部区域（$M=4.53$）和中部区域（$M=3.98$）的居民感知有显著差异（$p<0.05$）如表 3–14 所示。（组间内分层比较数据表不在报告）。

表 3–14　不同空间位置村落居民的感知差异

		平方和	*df*	平均值平方	*F*	显著性
社区居民增权	群组之间	17.418	3	5.806	9.311	0.000
	在群组内	241.929	388	0.624		
	总计	259.347	391			
乡村经济发展	群组之间	27.664	3	9.221	16.520	0.000
	在群组内	216.578	388	0.558		
	总计	244.242	391			
社区关系和谐	群组之间	21.322	3	7.107	24.259	0.000
	在群组内	113.676	388	0.293		
	总计	134.998	391			
乡村环境改善	群组之间	4.446	3	1.482	3.877	0.009
	在群组内	148.304	388	0.382		
	总计	152.750	391			
文化设施完善	群组之间	33.384	3	11.128	24.584	0.000
	在群组内	175.628	388	0.453		
	总计	209.011	391			

七、不同参与程度群体的感知差异

单因素方差分析的结果如表 3–15 所示，本研究中参与旅游的居民在乡村经济发展（$M = 3.89$）、乡村环境改善（$M = 4.31$）与未参与旅游的居民的感知上有显著差异（$p < 0.05$），而在社区关系和谐、文化设施完善、社区居民增权上没有显著差异（$p > 0.05$）

表 3–15　不同参与程度居民的感知差异

		平方和	*df*	平均值平方	*F*	显著性
社区居民增权	群组之间	3.577	2	1.788	2.720	0.067
	在群组内	255.770	389	0.658		
	总计	259.347	391			
乡村经济发展	群组之间	11.544	2	5.772	9.649	0.000
	在群组内	232.699	389	0.598		
	总计	244.242	391			
社区关系和谐	群组之间	1.629	2	0.815	2.376	0.094
	在群组内	133.369	389	0.343		
	总计	134.998	391			
乡村环境改善	群组之间	8.196	2	4.098	11.028	0.000
	在群组内	144.554	389	0.372		
	总计	152.750	391			
文化设施完善	群组之间	1.136	2	0.568	1.062	0.347
	在群组内	207.876	389	0.534		
	总计	209.011	391			

第三节　乡村旅游高质量发展促进共同富裕的作用机理

通过社会语义网络分析方法可以看出乡村旅游促进共同富裕的初步逻辑。而共同富裕是一个宏观的逻辑结构，其包含维度需要探索与测定。本研究借助SPSS20，运用探索性分析方法，进一步界定共同富裕所包含的结构。乡村旅游兼具经济及文化的双重性质，乡村旅游高质量发展促进共同富裕有不同的路径及逻辑，其通过作用于经济发展、文化设施改善、乡村自然环境保护、社会关系改进、居民权力增加，来实现乡村共同富裕，如图 3–2 所示。

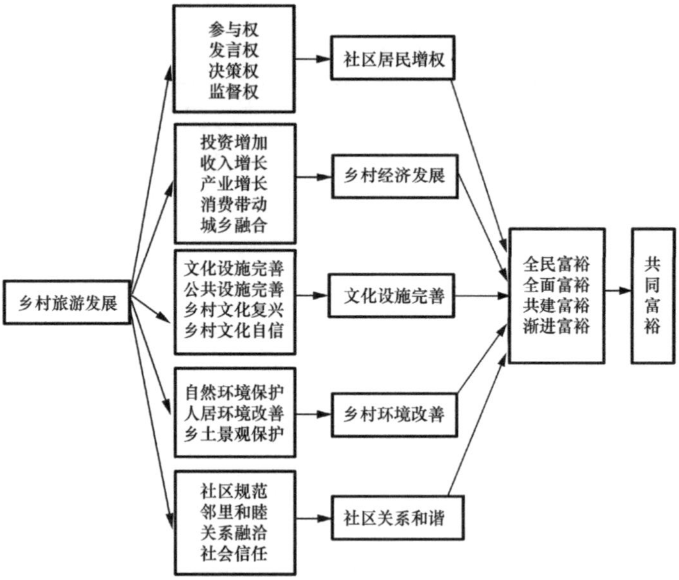

图 3–2　乡村旅游促进共同富裕作用机理

一、乡村旅游高质量发展促进社区居民增权的作用机理

增权赋能是乡村旅游发展的主要目的之一，乡村旅游发展的关键是让村民参与其中，并获得发展成果，居民的广泛参与是乡村旅游得以可持续发展的保障。乡村旅游的公平性体现在分配公平、程序公平、互动公平与信息公平上。分配公平在于成果公平分配、程序公平在于居民参与决策、互动公平在于政府的充分尊重与信息告知。在乡村旅游发展中，象山县把“村民说事”贯彻其中，围绕“村民说事”制度“说、议、办、评”四个主要环节，赋予了村民在旅游发展中的话语权、参与权、决策权、信息权、监督权。乡村旅游发展使居民广泛参与其中，让资源得以公平分配，保障了村民的基本权利，强化了村民对政府的信任，调动了村民的积极性和主动性。

二、乡村旅游高质量发展促进乡村经济发展的作用机理

乡村旅游资源的开发需要投资，投资的增加能够带动乡村经济发展；在乡村旅游资源开发与转化成资本进而转化为资产的过程中，价值转换能够实现乡村资源价值增值与价值裂变；乡村旅游资源变现成旅游产品后，吸引大量客流、人流、资金流以及信息流的涌入，游客的就地消费增加了居民收入，进而促进了乡村消费链及产业链的延伸；乡村产业链延伸带动相关产业发展，像象山县的乡村旅游发展带动了乡村民宿发展、红美人农产品销售增加，进而带动当地居民收入增长；乡村旅游地溢出效应不断辐射并带动周边村落发展，逐渐形成乡村旅游集聚区与民宿集聚区，促进区域共富。

三、乡村旅游高质量发展促进文化设施完善的作用机理

精神富有是共同富裕的必要构成要素。针对游客而言，乡村旅游是一种精神放松与文化体验的过程，乡村的生态环境、乡村的历史、乡村的民俗特色、乡村的非遗技艺等能够为游客提供文化消费场景，乡村正在成为人们的精神归属地、美好生活承载地、乡村怀旧记忆地。而针对居民而言，发展乡村旅游需要挖掘当地文化资源，呈现文化载体，完善乡村文化设施，使得乡村文化礼堂、乡村博物馆、展览馆、非遗馆、名人馆等成为承载乡村文化与乡村精神的“粮仓”。在乡村旅游发展的过程中，文化设施增加必然方便居民生活。乡村文化的复兴、文化载体的复活、文化技艺的繁兴，必然强化当地居民的文化自信与文化自豪感，增强其地方依恋感。

四、乡村旅游高质量发展促进乡村环境改善的作用机理

乡村旅游相对城市旅游而言，其典型特征在于乡村性与生态性，优美的自然生态、良好的乡村风貌是乡村旅游发展的基本前提和重要依托。只有保护好乡村的生态环境，乡村旅游才得以延续和发展，只有建设好乡村的人文环境，乡村旅游才具有吸引力。乡村的生产、生活、生态“三位一体”，相互影响，相互作用。

乡村生产与生态是乡村美好生活的基本保障与前提，乡村美好生活是乡村生产与生态的目标与导向。基于此，乡村旅游要保持长久的吸引力，要在“绿水青山就是金山银山”的理念指导下，保护生态资源、改善乡村人居环境、改造乡村景观、传承乡土文化、完善公共基础设施。纵观象山县乡村旅游发展较好的典型案例，像方家岙、墩岙等民宿聚集区，均是生态环境优良、人居环境优美、生产环境有序的人间现代“桃花源”。

五、乡村旅游高质量发展促进社区关系和谐的作用机理

乡村旅游能够带动人力资源和企业资本的回归，特别是乡贤的回归，为乡村共同富裕带来强劲动力。回归的乡贤推动了地方性与普遍性知识的结合、市场因素与情感因素的融合，并将乡村旅游发展嵌入广阔的人际、村际及城乡互动的网络之中，从而促进人际信任，加强村规民约，拓展人际网络，积累社会资本。在新时代背景下，乡村旅游发展最大优势在于吸引大量创客的聚集，他们带着新思维、新理念、新技术、新业态植入乡村，为乡村基层治理现代化提供新的范式与思路。乡村旅游发展需要乡村社区居民的广泛参与，从而形成一致的行动方案，在此过程中，居民的凝聚力增加，村民合作克服集体困难的行动力增强。

第四节　乡村旅游高质量发展促进共同富裕的动力体系

一、乡村旅游高质量发展促进共同富裕的演进阶段

（一）点状富裕阶段（1998—2002 年）

根据增长极理论，增长不是出现在所有地方或者区域，它以不同的强度首先出现在一些增长点或者增长极上，然后通过不同的渠道向外扩散。20 世纪 80 年

代以“农家乐”为代表的乡村旅游开始起步，20 世纪 90 年代中国乡村旅游处于发展阶段。这个阶段的乡村旅游以零星的、点状的农家乐为主，多分布于乡村道路交叉口或者乡村交通要道、著名的旅游景区周边。此时的乡村旅游以吃农家饭、享农家乐为主，活动形式、产品结构单一，游览时间短，产业带动力弱。此阶段以家庭为主从事乡村旅游，从而实现致富，成为当地的“万元户”。以农家乐实现富裕的单个家庭或个人便是乡村富裕的“极点”，这种乡村旅游的点状分布，基本上可以定义为“富一点”的农家乐。

象山县的乡村旅游以“渔家乐”起步。1998 年，象山县推出“华东地区唯一的陆岸沙滩”“一块没有污染的净土”“中国开渔节”“渔家乐”等，使更多的游客对来象山县“逛海滩、观海景、游海岛、尝海鲜、购海货”产生浓厚的兴趣。此阶段，象山县依托“渔家乐”，精心包装了松兰山海滨游乐场、东海渔村、垂钓游乐场等项目，重点打造松兰山休闲度假娱乐区，使松兰山度假其区成为会议中心、海岛狩猎中心、海上娱乐中心、度假休闲中心、民间文化中心，从而带动周边渔家或农家致富。1998 年象山县旅游接待人数达 15 万人次。

（二）线状共富阶段（2003—2012 年）

“点轴系统”理论认为，在 社会经济发展过程中，几乎大部分社会经济要素集中在“点”上的同时，“点”与“点”之间会形成由线状基础设施联系在一起的发展“轴”。在中国乡村旅游发展过程中，乡村旅游优先发展区域多为乡村资源集聚区、交通便利区域。2003 年之后，中国高速公路快速发展，截至 2008 年年底，中国高速公路里程达到了 1 万千米，高速公路建设取得了重大突破，高速交通路网更加完善。截至 2008 年年底，全国机动车保有量约为 1.7 亿辆。其中，汽车约为 6500 万辆，随着高速路网的完善，自驾车旅游兴起。这个阶段乡村旅游呈现沿路、沿山、沿海、沿边、沿水的发展特征，发展层次逐渐高级，产品类型更加丰富，产品结构相对完善，游览活动更加多样。但是由于其范围和规模的有限性，其带动力相对较弱，其基本可以定义为“富一线”的乡村旅游。

此阶段象山县充分利用规划进行资源整合，构建全县以一带（黄金海岸旅游带）、二区（以松兰山度假区为中心的滨海旅游度假区和以石浦渔港为中心的渔文化游览区）、六大主要产品（松兰山度假区、环石浦港游览区、红岩康疗基地、花岙仙子岛、道人山养生园、大塘港知青度假村）为重点的黄金海岸旅游框架，在景区组合上从孤立的单一景区景点开发建设，转向区域旅游资源综合开发。2006 年编制《全县乡村旅游总体规划》，乡村旅游总接待游客数达到 25 万人次，乡村旅游直接经济收入达到 1000 万元。2007 年开展省“十百千”工程建设，指导新桥镇成功创建省旅游强镇，西边塘村、寨梅村风创建成为省特色旅游村。2012 年，农家客栈经营户达到 255 户，客栈床位数突破 4000 张。

（三）面的共富阶段（2013—2017 年）

乡村旅游富裕点及共富带的形成，对周边的乡村产生一定的带动性与影响力，从而形成一定的示范效应。2010 年之后，中国乡村旅游市场需求结构发生变化，近郊性的乡村度假成为市场新宠，乡村旅游发展更加注重乡土建筑的利用、古村落资源改造、传统文化回归和保护。乡村旅游超越了农家乐、农业采摘等较为传统的旅游活动方式，以品味历史、沉浸文化、回归宁静、寻找心灵归宿为代表的乡村文化旅游成为市场新宠。例如，安吉、德清等形成了乡村旅游发展集聚区。乡村旅游共富点的增多与聚集、乡村旅游带的发展与交汇形成乡村旅游共富板块，这可以基本定位为“富一片”的乡村旅游。

此阶段，象山县全力推进乡村旅游“510”工程建设，2013 年重点推出 10 大乡村旅游特色产品和 10 大特色餐饮点，开辟渔文化体验游等 10 大乡村旅游特色线路，新增 12 家县级农家乐特色村（点、户）。2014 年着力打造东陈乡村旅游特色小镇和茅洋山水旅游精品带，农家客栈特色村达 25 个，经营户有 500 余户，床位数突破 8000 张，“民宿—民食—民游”一体化的乡村旅游发展格局逐渐形成。此后，扶持茅洋、东陈、定塘、新桥、晓塘、墙头、西周、泗洲头 8 个重点乡镇开展“美丽乡村休闲旅游示范区”和“乡村旅游集聚区”建设，积极培育市、县两级休闲旅游重点乡镇 5 个、重点村 10 个，重点打造 5 条乡村旅游精品线路。2015 年，构建“五大片区”发展新格局（休闲观光型片区、山水运动型片区、文化体验型片区、影视生态型片区、滨海度假型片区）。2016 年，推进全域乡村旅游示范区创建，创建茅洋乡为宁波乡村全域旅游示范区，方家岙、沙地村为特色民宿村，上盘为市级农家客栈（民宿）集聚村。象山县以乡村旅游为抓手，形成了“面的共同富裕”。

（四）区域共富阶段（2018 年至今）

区域圈层结构理论认为区域与区域之间是相互依存、互补互利的有机整体，区域乡村旅游共富板块的崛起，对其他区域形成辐射与带动作用。2018 年之后，国家全面实施乡村振兴战略，乡村旅游迎来战略发展时期。而随着共同富裕战略的推进，乡村旅游在各级政府的高度重视下，农村产权制度改革深入推进，乡村民宿、乡村庄园、乡村全域旅游示范区、乡村共同富裕示范区、村落景区、国家级景区镇等相关概念应运而生，乡村旅游的产业链拉长、辐射面更宽、带动力更强，乡村旅游正式进入全域发展、区域共富时代，此可以定义为“富—域”的乡村旅游。

此阶段，象山县积极推进松兰山国家级旅游度假区和象山影视城国家 5A 级景区创建工作，建立涂茨仙子湾露营地休闲旅游基地、银洋露营地休闲旅游基地、大岭后村民宿休闲旅游基地、大沙村民宿休闲旅游基地 4 个市级旅游基地。2018 年，制定《象山县 A 级景区村创建工作实施方案（2017—2022）》，加快推进民宿精品化、规范化建设，精品民宿达到 56 家，其中省金宿级民宿 4 家，银宿级民宿 5 家，民宿（农家乐）床位数突破 14 800 张。2019 年，成立县民宿经济促进会，全县精品民宿达 60 家，新增省 A 级景区村 37 个。2021 年，打造“经海逐浪”精品线，创建“共同富裕示范村”，谋划环蟹钳港区域开发，实施“神笔马良计划”，开展旅游业“微改造、精提升”专项行动，推进环蟹钳港共富样板区建设，以乡村旅游为抓手，积极推进区域共同富裕。随着元宇宙的兴起，乡村旅游产品、业态、经营方式的迭代升级，各种虚拟技术不断发展，随着城乡统筹进一步优化，未来将是乡村全域共富裕的时代。

二、乡村旅游高质量发展促进共同富裕的动力机制

根据相关文献，参考于建荣（2006）共富动力来源论，宁晶（2023）、张健

（2023）共富动力机制论，黄立丰（2022）共同富裕动力系统论，张书慧，刘晓倩（2023）乡村振兴助力共同富裕动力系统论，张骁鸣、保继刚（2009）乡村旅游动力系统论，彭华（1999）城市旅游动力系统模型，杨军（2006）乡村旅游动力系统模型，叶红（2007）乡村旅游动力因素，杨洋，李东和，孟影（2011）乡村旅游动力机制，刘传喜等（2015）乡村旅游演化核心要素，麻学锋等（2020）乡村旅游时空演变的动力机制等，总结提炼出乡村旅游促进共同富裕的动力系统包括资源内驱力、政策调控力、市场拉动力、创新驱动力、资本驱动力（表3–8）。

表3–8　乡村旅游促进共同富裕的动力类型

动力类型	主要内涵	内容列举
资源内驱力	资源开发形成的发展动力及吸引力	与农业、农民、农村相关的资产、房屋、民宿等生产资源、生活性资源；乡村资源的特色、规模、品质、聚集度、差异性、排他性
政策调控力	基于国家政策调控、引导、扶持而形成的发展动力	乡村产业政策、旅游产业政策、共同富裕政策和规划、相关优惠政策、基层党建制度、税收、法律法规等
市场拉动力	基于客源市场需求而形成的市场拉动效应	目的地乡村旅游客源结构、人群规模、消费偏好、支付意愿、消费潜力、客源留量、客源流向、停留时间等
创新驱动力	以规划设计、创新创意、经营管理、科技导入等形成的发展驱动力	乡村规划、设计、产品创新研发、业态创新；组织、经营创新、市场模式创新、技术创新等
资本驱动力	以资金导入而形成发展驱动力	社会资本投资、村民自有资金、村集体资金、政府扶持资金，借贷融资、招商引资、企业投资等

（1）资源内驱力。乡村旅游资源是乡村旅游发展的基础。乡村旅游资源的内驱力是指乡村依托自身独特的乡村生产资源、生活资源及文化资源的开发、利用，从而驱动乡村发展，实现共同富裕的动力。乡村旅游资源不仅包括农田、农业景观、农业设施等生产性资源，也包括乡村的自然环境、公共文化设施等生活性资源，还包括促进身体健康的生命资源。乡村环境与城市环境相对应，形成差异性及特色，从而产生吸引力，乡村旅游资源特色性越突出、规模性越聚集、品质性越高、排他性越强，其对游客产生的吸引力便越大，对乡村发展的带动性便越强。

（2）政策调控力。政策调控力是通过政府颁布的乡村旅游政策、共同富裕政策、地方性旅游法规、发展规划等综合因素影响乡村旅游的一种综合力。政策调控力包括乡村产业政策、旅游产业政策、共同富裕的政策和规划、相关优惠政策、基层党建制度、税收、法律法规等相互作用的效力。这种调控力可以直接促进乡村基础设施建设、提高旅游投资的聚集和大项目的诞生。政策具有导向性，这种导向能够影响乡村旅游发展的方向、效率与效益。

（3）市场拉动力。市场拉动力即乡村旅游因游客聚集与扩散，从而带动乡村共同富裕的力量。市场拉动力是乡村旅游促进共同富裕的根本性力量。从市场学角度而言，乡村旅游地客源结构、客源规模、消费偏好、消费潜力、客源流向、时间特征、游客流量等对乡村旅游经济产生影响。客源结构及客源规模决定消费规模与消费潜力，游客消费通过乘数效应带动乡村产业链的延伸；游客的流量、流向辐射周边，带动区域发展。

（4）创新驱动力。基于生命周期理论，任何事物均有一定的生命周期，会经历产生、发展、成熟与衰退的过程。乡村旅游也存在一定的周期，而乡村旅游摆脱走向衰败命运的方式便是创新，创新是乡村旅游可持续发展的不竭动力。对于乡村旅游而言，乡村规划与设计、产品创新研发、业态创新、组织与经营创新、市场模式创新、技术创新等均会对乡村旅游产生巨大影响。规划与设计解决乡村旅游发展的前端问题，产品、业态、市场创新解决乡村旅游发展的中端问题，乡村运营与管理解决乡村旅游发展的终端问题。当前端、中端与终端形成创新链条，乡村旅游发展就会呈现巨大的带动效益。

（5）资本驱动力。资本驱动力即通过项目投资、项目融资、政策性资金导入而形成的带动乡村共同富裕的动力。资本包括社会投资资本、村民自有资金、村集体资金、政府扶持资金、借贷融资、招商引资、企业投资等多种类型。政策性资本具有导向及杠杆作用，能够撬动项目开发。企业及社会资本具有逐利性特征，能够促进乡村提高经营效益。

三、主导动力与演化过程对应关系

资源内驱力、政策调控力、市场拉动力、创新驱动力、资本驱动力是乡村旅游促进共同富裕的动力体系，具有不可或缺的作用。但是在不同时间与空间，起主导作用的动力往往不同，它们相互交织在一起促进乡村旅游发展，进而促进共同富裕。乡村旅游是在多种动力的交替与复合的作用下，不断地由低级向高级、由点到线、由线到面的方向发展。根据乡村旅游促进共同富裕的演进，在不同的阶段，其作用力表现是不同的，如图 3–3 所示。

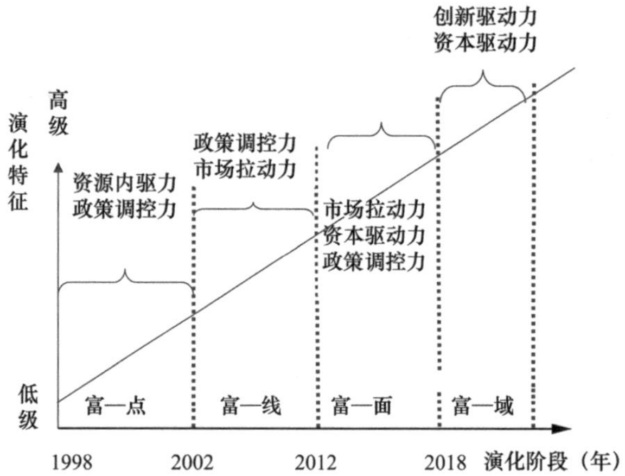

图 3–3　主导动力与演化过程对应关系

第一阶段是 1998—2002 年，是资源内驱力为主导的阶段。乡村旅游作为吸引物吸引游客，随着乡村旅游市场的起步与兴起，政府逐渐发现乡村旅游的价值，并出台相关政策予以扶持。此阶段以资源内驱力为主，市场拉动力及政策调控力为辅。1998 年以后，旅游业成为国内的朝阳产业，对于象山县而言，滨海、沙滩、海洋及海岛具有广泛的吸引力。象山县开始重视旅游业发展，聘请国内专家撰写了《象山县旅游资源调查报告》，对全县各景区（点）资源类型、功能定位、区域划分、发展目标、旅游线路等作了详尽分析和规划。在资源普查的基础上，先后起草了《象山县旅游业发展“十五”规划》《宁波松兰山省级旅游度假区总体规划》以及红岩、花岙石林等景区规划，最大限度地实现旅游资源潜在的环境效益和经济效益。

第二阶段是 2003—2012 年，是政策调控力为主导的阶段。随着旅游业价值凸显，国家及地方政府全力支持乡村旅游发展，出台各项关于旅游业及乡村旅游发展的政策，在新农村建设的背景下，乡村旅游快速发展。此阶段，政策调控力呈现主导角色，政府主导乡村旅游痕迹明显。2004 年，象山县政府提出“旅游富民”发展战略和建设“现代化生态型滨海旅游城市”目标，出台了《关于进一步加快旅游业发展的若干意见》，编制了《全县旅游发展规划纲要》《黄金海岸旅游带规划》《环石浦港区旅游规划》《大塘港生态区旅游规划》《红岩旅游规划》《全县岛礁旅游规划》《全县泥质海岸旅游规划》等详细规划。2010 年出台对接大桥的《关于推进休闲象山提升行动的实施意见》《象山旅游品质提升三年行动计划》及《关于加快象山旅游业发展的奖励办法》，进一步加大对旅游业的政策扶持和资金投入力度。2011 年开始紧紧围绕"休闲象山"提升行动和旅游品质提升三年行动计划，深入实施"八八"黄金发展战略，全力推进产品立体化、营销多元化、行业品牌化、服务优质化，强化市场营销推广的力度。2012 年接待游客 921 万人次，旅游经济收入 93 亿元，同比分别增长 11% 和 10.7%。这个阶段政策调控力处于主导地位，政策调控力与市场拉动力相互交织，推动了象山乡村旅游快速发展。

第三阶段是 2013—2017 年，是市场拉动力及资本驱动力为主导的阶段。此阶段，在全域旅游发展的引导下，大量的企业介入，乡村旅游市场需求旺盛，市场异常火爆，规模性的社会资本流入乡村，投资民宿、乡村酒店、田园综合体等，旅游发展取得很大的经济效益和社会效益，大量投资的聚集促进了地方旅游的发展。在乡村"蝶变"与共同富裕的过程中，资源是基础，投资是关键，运营是资源与资本变现的重要环节，组织化、专业化、市场化的运营是实现乡村旅游可持续发展的关键一环。宁波目的地民宿管理有限公司、宁波望乡民宿管理公司、西坡民宿管理公司、宁波安可旅游开发有限公司等专业化运营团队坚持市场导向，培育多元消费业态，激活乡村共同富裕的市场活力。另外，乡贤是象山县乡村旅游高质量发展促进共同富裕实践过程中不可缺失的重要推动力，为乡村的产业重构、乡村振兴及共同富裕献计献策。以捐赠、基金资助等形式认领乡村公益项目，直接投资或牵头促成乡村产业项目 70 余个，新建乡村旅游业态项目 55 个。贤庠青莱村在新乡贤的带领下，引资 2500 万元，改造闲置房屋为精品民宿，村集体收入从原来的 20 余万元提至 60 万元。涂茨镇黄沙村，乡贤集资 800 万元与社会资本合资成立了"碧海晴沙"民宿公司，专业运营村里的民宿。龙屿村充分利用乡贤资源成立了乡贤参事会，构建龙屿村乡村旅游发展的战略智库。象山县通过构建乡贤理事会、乡贤参事会等，搭建了乡贤共谋、共筹的平台，把乡贤资源转化为乡贤资本，为乡村共同富裕"活血""输血""造血"。

第四阶段是2018年至今，是以创新驱动力和资本驱动力为主导的阶段。首先，“三权分置”激活资源动能。象山县积极完善农民闲置宅基地和闲置房屋利用政策，出台《关于推动农村宅基地“三权分置”的实施意见》，制定适度放活宅基地使用权管理办法，探索宅基地所有权、资格权、使用权“三权分置”，全县累计颁发宅基地“三权分置”不动产权证130本，激活利用闲置宅基地（农房）10.5万平方米。农村宅基地“三权分置”的改革探索，唤醒了乡村沉睡已久的资源。鹤浦镇的小百丈通过“三权分置”，吸引了安可乡建团队，盘活了15处石屋及周边6300平方米的闲置土地。涂茨镇黄沙村通过租赁村民闲置房屋，吸引了专业民宿运营团队，带动了14户村民集体致富。贤庠青莱村村集体统一收储农户宅基地和农房，再整体租赁给西坡团队进行开发，项目收储涉及农房46户，占地面积约2500平方米，增加村集体经济收入30万元。其次，数字植入，激活科技动能。象山县紧抓未来乡村创建的契机，立足各村自然资源和文化禀赋，因地制宜地多元化发展“未来乡村”。象山县成立了25个未来乡村试点建设库，稳步推进第一批和第二批4个省级未来乡村试点村庄建设任务。黄避岙乡高泥村2022年1月进入省第一批未来乡村试点建设名单，按照“政府+社会+集体+村民”共建共享模式，安排项目36个，投资1.26亿元。四洲头墩岙村、墙头镇方家岙村和涂茨镇旭拱岙村于2022年2月底启动未来乡村申报方案和建设规划编制工作，泗洲头镇墩岙村投资2300万元打造灵南养老院、农产品集中交易市场、农旅融合垂钓园和智慧交通系统等7个项目。象山县结合旅游大数据中心建设，借助数字技术，构建“数字+民宿”“数字+渔场”“数字+农场”“数字+景区”“数字+影视城”“数字+旅游”等新模式，持续推进乡村旅游数字化建设水平。当前113家民宿安装了“订单来了”民宿软件系统，民宿数字化管理迈出了实质性步伐。

随着数字技术及人工智能发展，旅游市场体验性需求更强烈。资本为王的时代悄然落下，而以技术为王、体验为要的时代骤然来临，产品创新、技术创新、业态创新要跟着时代趋势变化，数字化的未来乡村改变着物理空间与精神空间，正在成为市场的主流。

第四章　乡村旅游高质量发展促进共同富裕的象山模式

党的二十大报告指出：“中国式现代化是全体人民共同富裕的现代化。共同富裕是中国特色社会主义的本质要求，也是一个长期的历史过程。”在全面建设现代化、实现民族伟大复兴的道路上，重建乡村、推动乡村振兴及乡村产业现代化，实现共同富裕已成为新时代的重大课题。旅游作为满足人民美好生活的幸福产业，是促进物质增长、精神富足、乡村环境改善、社区关系和谐的重要驱动，也是推动中国式现代化的重要力量。象山位于东海之滨，三面环海、两港相拥，万象山海、碧海银滩，形成了璀璨斑斓的乡村风情线。象山抢抓亚运机遇，充分发挥政策、区位、资源、资本及机制优势，通过激活乡村资源、乡贤智慧、数字科技等发展动力，创新构建景村联动、产业集聚、村民众筹等发展模式，形成了村民共商、共管、共享等发展机制，以乡村共建、共创、共谋，推动乡村共治、共管、共赢，从而实现了乡村共享、共富，描绘了一幅乡村旅游促进共同富裕的“万象山海图”，走出了一条“海上两山”转化的“象山路径”。

第一节　乡村旅游高质量发展促进共同富裕的象山成就

一、乡村旅游的机制逐渐完善

自党的十八大以来，象山县立足旅游资源禀赋，贯彻落实浙江省高质量发展建设共同富裕示范区和宁波市旅游共同富裕示范村创建要求，高端发力，自上而下，积极探索并初步建立了旅游促进共同富裕的目标体系、工作体系、政策体系及评价体系；制定并实施《象山高质量发展建设共同富裕样板县行动方案（2021—2025年）》，从县域整体层面明确了共同富裕样板县的目标及行动方案；成立以县主要领导为组长的高质量建设共同富裕样板县领导小组，并定期召开会议研究推动共同富裕；发挥旅游专班作用，定期开展例会，研究旅游促进共同富裕的相关任务，并强化各地各相关部门（单位）责任落实；象山县旅游发展中心聘请宁波旅游学院专业团队，对28个创建村与培育村进行指导，并划拨600万元专项资金，用于旅游共同富裕示范村的创建，并给予创建单位30万元、培育单位5万元奖励；出台了《象山县“两线两村”建设导则（试行）》《象山县“两线两村”建设基本评价标准（试行）》《共同富裕示范村建设导则》，结合《宁波市乡村旅游共同富裕示范区建设指南》等相关评价标准对28个村进行整体评价，形成一整套旅游促进共同富裕的评价标准。

二、乡村旅游的产业逐渐集聚

积极创建市级乡村旅游示范区，自2017年以来，茅洋、新桥、黄避岙、墙头、东陈乡、四洲头镇等7个乡镇先后创成宁波市乡村全域旅游示范区，成为宁波创建数量最多的县；积极打造民宿集聚区，根据《宁波市民宿产业集聚区认定条件》，成功申报并认定了新桥镇的黄公岙村、灵岙村、上盘村，石浦镇金山村，鹤浦镇大沙村，定塘镇沙地村，墙头镇方家岙村，东陈乡东旦村，茅洋乡花墙村9个民宿集聚区。按照资源特色、空间产业分布特征，把全县划分为东、南、西、北四大共同富裕示范区板块，打造东面时尚东海岸、西面潮隐西海岸、南面风情石浦港、北面斑斓西沪港，描绘了一幅致富“万象山海图”；形成旅游共同富裕示范村体系，创建市级共同富裕示范村5个（墙头镇方家岙村、定塘镇沙地村、东陈乡东旦村、鹤浦镇大沙村、茅洋乡白岩下村）；县级示范村7个，县级培育村16个；以环蟹钳港共同富裕样板区建设进行重点突破，形成丰硕成果。

三、乡村旅游的融合逐步深入

以文旅产业融合为突破口，推动乡村旅游与其他相关产业融合，以产业融合助力乡村共同富裕。象山县进一步优化融合发展顶层设计，出台《象山县创建省文旅产业融合试验区实施方案》，融合发展成效进一步显现。在农旅融合方面，象山县是全国农村宅基地制度改革试点，通过“三权分置”改革充分激活农村闲置资源，如石浦镇沙塘湾村，盘活 82 栋村民闲置房屋建设精品民宿集群，每张床位年收入约 5 万元。在文旅融合方面，自 2020 年以来，建有文化类规模景区 6 个（省级非遗经典景区 1 个）；签约阿那亚 · 象山海岸、浙东海上桃源 ·M 湾渔村、石浦镇湖礁湾文旅项目等项目 37 个、签约总额达 115.9 亿元。在建东海半边山旅游度假区、浙江广电象山影视基地三期等功能性文旅项目 27 个，完成投资 51.4 亿元；建成半边山沙滩排球场馆、石浦一冷文化创意园等项目 14 个。将更多文化遗产、文化资源转化为游客喜爱的产品，依托国家海洋渔文化生态保护区，建设石浦渔港古城、中国海洋渔文化馆，建成非遗体验基地 19 个，打造蟹钳港景区等一批海洋渔文化研学旅游基地。在体旅融合方面，借势 2023 年杭州亚运会，开发帆船、骑行、马拉松等体育休闲旅游产品，把海岸线变成比赛场、把比赛场变成旅游地，如黄避岙乡“斑斓海岸”示范线，每年通过举办各类体育休闲赛事，带动周边村民收益年均以 15% 的速度增长。在康旅融合方面，顺应关注健康、亲近自然的消费趋势，充分利用资源打造特色康养新名片，获评“省全域疗休养发展十佳县”，如东海半边山的宁波工人疗养院，每年带动 100 余万人次游客。

四、乡村旅游经济收入逐年增长

近年来，象山县紧紧围绕实施乡村振兴战略的总体部署，加快城乡融合，全面构建工农互促、城乡互补、共同繁荣的新型城乡关系，有效地拉动了农村居民收入较快增长。根据《2022 年象山县城乡居民收入简析》报告显示，2022 年，象山全县居民人均可支配收入为 59 160 元，同比增长 5.1%，高于全市 0.6 个百分点。城镇居民人均可支配收入为 69 478 元，同比增长 4.6%，高于全市 0.8 个百分点；农村居民人均可支配收入为 41 578 元，同比增长 6.4%，高于全市 0.5

个百分点，农村居民人均可支配收入同比增速位居全市第四位。

根据对 28 个乡村旅游共同富裕示范村创建及培育单位的调查。28 个村的主要产业支撑为渔业、农业、旅游业、养殖业和工业，其中有 15 个村的产业支撑为旅游业，可见乡村旅游已经成为乡村经济发展的支柱产业。从集体经济收入来看，2019 年 28 个村的平均集体经济收入为 129.76 万元，2020 年为 136.80 万元，2021 年为 166.04 万元，2021 年较 2020 年上涨了 21.37%。从村民的人均收入来看，2019 年为 3.29 万元，2020 年为 3.68 万元，2021 年为 4.18 万元，2021 年较 2020 年增长了 13.59%。根据实地考察，从集体经济、产业规模、旅游驱动及基层善治等综合考量，高泥村、方家岙村、花墙村、沙地村、东门渔村、黄公岙村、上盘村、沙塘湾村、白岩下村、东旦村等村旅游促进共同富裕成效显著。龙屿村、青莱村、黄沙村、墩岙村、大沙村等村基础设施正在完善、基础环境正在改造、乡村产业正在壮大，乡村共同富裕的效果显现。军湖村、舫前村、儒雅洋村、新鹤村、樟岙村、旦门村、东溪村、中站村、小百丈村、黄埠村等村，其自然资源、文化资源丰富，具有巨大产业发展、旅游发展潜力，由于各种原因其资源优势、文化优势、资本优势需要进一步转化，具有实现共同富裕的发展潜力。

五、乡村旅游公共设施逐渐完备

近年来，象山县紧紧围绕国家全域旅游示范区建设目标，大力推动旅游业高质量发展，全方位优化服务体验，基本建立了县、镇、村（景区、酒店）三级旅游咨询服务体系，全域旅游咨询点达到 37 个。以落实“四好”农村路、美丽城镇建设为抓手，优化完善主干大道，改造提升支线小路，形成外连内畅、共建共享乡村路网。立足游客需求，全面统筹旅游驿站布局，进一步完善旅游设施网络，提升旅游公共服务品质，建成省级的一级旅游驿站 8 家，省级的二级旅游驿站 3 家，旅游驿站数量位列宁波市第一位，以旅游驿站小切口，营造共同富裕大场景。推进文化场所宜游化改造，建设全国首个海洋渔文化馆，建成和开放县博物馆、花岙岛盐文化非遗传承所、根艺美术馆、剪纸馆、非遗百工坊等展示场馆，年参观人数超过 35 万人次。提升文旅服务公共设施，将文化空间与创作空间、众创空间、阅读空间、休憩空间等进行融合，创造互动的文旅生活新空间。创建市级非遗文化传承保护区3个，建成非遗街区、非遗主题公园等特色场所及乡镇综合性非遗传承所11个、传承人工作室65个，“万象山海”非遗传承展示平台覆盖所有乡镇。积极完善旅游公共厕所，自2017年以来，象山县共创建A级旅游厕所88个，其中3A级19个，2A级34个，A级35个。2022年，各镇、乡、街道共有19个厕所申报创建，内容主要涉及厕所的选址、标准制定、建设进度的申报、位置的定位（主要是百度地图和高德地图上的定位添加）以及资金的转移拨付等。

六、乡村旅游的环境愈发优美

近年来，象山县深入贯彻“海洋强县、美丽富民”战略，以象山县北纬30°最美海岸线建设为核心，落实“百镇样板、千镇美丽”工程，基本构建以集镇为中心，宜居宜业、舒适便捷的镇村生活圈。深化“三清三美”行动，深入推进“两线两村”建设，健全“两进两回”长效机制，积极推进未来乡村建设试点，加快打造新时代美丽乡村标杆县。推进“微改造、精提升”专项行动，抓好“三类场所”，做到“五个坚持”，聚焦“五大工程”，用旅游业“微改造”的“绣花”功夫，从挖掘文化内涵和提升游客微观感受入手，突出软件和硬件结合、内部和外部结合、线上和线下结合，全面推进旅游业转型升级。“微改造、精提升”专项行动以来，象山县改造提升项目133个，竣工102个，完成投资2.64亿元。乡村旅游实现经营总收入18.73亿元，31家省等级民宿每张床位年收入达10万元以上。开展“神笔马良”计划，在象山东海岸、蟹钳港西岸排查35个点位，在松兰山、东旦、半边山等拥有优质沙滩资源区域，渔港古城、沙塘湾、东门渔村等拥有独特渔文化民俗区域，蟹钳港、西沪港等拥有原生态自然风貌区域，开展15个案设计。围绕“海上两山”之路最美风景道建设，建设完成“经海逐浪”“橘生山海”“斑斓海岸”“潮隐西海岸”“扬帆海湾”“儒雅山水境”“智造蓝湾”“西望雅境”8条精品线，沿线科学布局旅游驿站、观景台、露营地、旅游厕所等，全方位提供“融景、停驻、休憩、游览”功能。精品线覆盖13个乡镇，串联10余个景区点、20余个省市级休闲基地，精品线建设成为了激活文旅共同富裕新路径。

第二节　乡村旅游高质量发展促进共同富裕的象山基础

一、政策支撑强劲

乡村旅游高质量发展促进共同富裕具有明显的政策支撑优势，当前自上而下形成了促进共同富裕的政策体系。国家层面自 2017 年起连续 7 年出台了与农村农业相关的政策，重点推进乡村振兴与农业农村现代化，特别是 2021 年 5 月专门针对浙江省出台了《关于支持浙江高质量发展建设共同富裕示范区的意见》《支持浙江省探索创新打造财政推动共同富裕省域范例的实施方案》。省级层面，浙江省在国家政策的推动下相继出台《浙江高质量发展建设共同富裕示范区实施方案（2021—2025 年）》《浙江省文化和旅游厅推进文化和旅游高质量发展促进共同富裕示范区建设行动计划（2021—2025 年）》等文件，全力推进共同富裕示范建设。市级层面，宁波市实施了《宁波文化广电旅游高质量发展推进共同富裕先行市建设行动方案（2022—2025 年）》，并颁布了《宁波市乡村旅游共同富裕示范区建设指南》及《宁波市乡村旅游共同富裕示范村认定条件》。县级层面，象山县出台了《象山县高质量发展建设共同富裕样板县行动方案（2021—2025 年）》《象山县旅游业追赶跨越三年行动计划（2018—2020）》《象山县新一轮旅游产业扶持政策实施意见》《象山县旅游业“微改造、精提升”五年行动计划（2021—2025）》《象山县“两线两村”建设导则（试行）》《象山县“两线两村”建设基本评价标准（试行）》《共同富裕示范村建设导则》。共同富裕政策体系的完善，将进一步推动象山乡村旅游共同富裕示范村创建。

二、乡村资源丰富

象山县生态优良、空气新鲜，拥有绵长优美的海岸线以及华东地区少见的大批陆岸沙滩，是宁波市唯一拥有山、海、岛、崖、滩等滨海资源的半岛县，素有“东方不老岛、海山仙子国”之称，旅游资源富集。象山县有漫长海岸线，这条海岸线有三大特点：一是纬度独特，地处世界黄金海岸旅游资源线，与佛罗里达、墨西哥湾、夏威夷三大世界疗养胜地，同处在神奇的北纬30°；二是岸线绵长，全长925千米，其中大陆岸线367千米、海岛岸线558千米，居全省乃至长三角地区之首；三是类型丰富，涵盖了基岩质、砂质、淤泥质、生物质等全类型，是全国少有的兼具山、海、港、滩、涂、岛、礁特色的海岸线。依托滨海资源发展形成了诸如蟹钳港海农业区、松兰山滨海度假湾、乡村民宿集聚区、滨海乡村运动等发展板块。

象山县渔文化历史悠久，习俗丰富多样，文化特色明显，耕海牧渔、渔歌渔俗、渔景渔趣内涵丰富；象山县影视文化特色突出，以影视城为代表的影视文化，带动了环影视乡村旅游发展圈。象山县民俗节庆资源五彩缤纷，现存民风民俗、民间传说、民艺名品、节日庆典等民俗文化，民俗文化类型丰富，民俗技艺类存有农民画、剪纸等；节庆类有品牌节庆开渔节、传统民俗庙会等；民间工艺类有竹根雕、竹编等。各乡镇旅游定位如表4–1所示。

表4–1 象山县各乡镇旅游定位表

乡镇（街道）	特色优势产业	发展定位
丹城	城市商贸服务业、滨海旅游业、文化产业	生态康养旅游城
爵溪街道	针织产业、旅游地产	时尚购物小镇
涂茨镇	农业、林业、临港工业、旅游产业	道养活力小镇
大徐镇	杨梅等种植业、渔产	郊野绿道小镇
贤庠镇	石斛产业、花卉产业	康养花香小镇
西周镇	汽车产业、竹笋产业	山水动感小镇
泗洲头镇	畜牧业、蟹钳港水产、旅游产业	海乡灵动小镇
茅洋乡	民俗文化产业、乡村旅游业	港湾亲子小镇
墙头镇	竹根雕产业、滩涂养殖业、旅游产业	海乡慢闲小镇
东陈乡	海淡水养殖、观光林果业、旅游产业	海韵原乡
新桥镇	影视产业、枇杷等农产品	影视文创小镇
定塘镇	田园休闲农业	海乡田园小镇
晓塘乡	蔬果休闲农业	七彩果乡
石浦镇	渔产、海鲜餐饮业、休闲旅游业	渔乡风情小镇
高塘岛乡	梭子蟹等水产养殖业、紫菜养殖、柑橘种植业、花岙岛旅游产业	海岛慢乡
鹤浦镇	渔产、船舶制造业、枇杷等农产	海防故事小镇

资料来源：《象山县全域旅游发展规划（2018—2030年）》。

三、区位交通优越

象山县位于浙江省东部沿海中端，宁波市的东南部，在象山港和三门湾之间，战略区位极其重要。从地理区位而言，依托于象山港衔接日韩，依托甬台温高速串联台州、温州，进而拓展闽北。从文化区位而言，象山县是国家级海洋渔文化（象山）生态保护区，是国家重要的海洋文化与渔文化基因库；从经济区位而言，象山县依托海洋地理条件，锚定海洋经济，是绿色能源、临港高端装备制造核心产业基地。

象山县在象山港大桥开通之前处于“交通末梢”，自 2012 年象山港大桥开通之后，其交通格局发生了巨大变化，大大缩短了到上海、杭州等地区的时间和距离，象山县迈入了“宁波半小时、杭州 2 小时、上海 3 小时”的交通圈，从而变成了长三角的滨海后花园。2019 年甬台温高速复线全线通车，象山县正式进入“高速时代”，甬台温高速以及甬台温高速复线全线贯通，象山县“一轴两环三纵四连”干线公路网基本形成，由“交通末梢”一跃成为连接宁波和台州、温州的沿海“交通枢纽”。在高铁方面，甬台温福高铁已基本明确过境象山县并设置高铁站，带动象山县融入全国的高铁路网。象山至宁波的市域铁路规划已经确定，象山县将正式进入城际铁路时代。在航空方面，象山县将布局 A2 级通用机场。干线交通的改善和“双驱动双突破”战略的实施，为象山县的乡村旅游高质量发展促进共同富裕赢得更大发展空间。

四、接待规模庞大

2022 年，宁波全市完成旅游总收入 776.3 亿元，按同口径计算，比上年下降 5.3%。接待国内游客 5083.6 万人次，下降 1.4%；完成国内旅游收入 775.6 亿元，下降 5.3%。接待入境游客 3.2 万人次，完成入境旅游收入 990.2 万美元。2022 年，象山县共接待游客 664.91 万人次，旅游总收入 103.26 亿元，同比分别增长 8.26% 和 0.35%。其中，乡村旅游接待总人数 318.46 万人次，同比增长了 8.06%；乡村旅游收入 9.72 亿元，同比增长了 7.96%。乡村旅游接待人数约占年度接待总人数的 47.9%（表 4–2）；乡村旅游总收入约占年度旅游总收入的 9.41%。长三角城市群拥有将近 2.1 亿的人口，是中国最大的客源输入地。2023 年，随着亚运会帆船及沙排运动在象山县举办，象山县的乡村旅游迎来游客数量井喷式增长。

表 4–2　象山县 2018—2022 年旅游接待总量及收入、乡村旅游接待总量及收入

2018—2022 年象山县旅游接待总人数及总收入					
年份	接待游客量（万人次）	增长率（%）	旅游总收入（亿元）	增长率（%）	备注
2018	2510	14.08	276	15	
2019	2915	16.13	326	18.02	
2020	2532.79	–13.11	273.79	–16.02	数据口径调整
2021	614.20	12.86	105.39	2.94	
2022	664.91	8.26	103.26	0.35	
2018—2022 年乡村旅游接待总人数及总收入					
年份	接待游客量（万人次）	增长率（%）	旅游总收入（亿元）	增长率（%）	备注
2019	632.98	25.59	6.15	36.24	
2020	722.51	14.14	6.98	13.43	数据口径调整
2021	874.88	21.09	9.01	29.05	
2022	318.46	8.06	9.72	7.96	

第三节　乡村旅游高质量发展促进共同富裕的象山挑战

一、乡村旅游产品同质现象突出

根据对象山县 28 个乡村旅游共同富裕示范村创建单元的调查，其多分布于环西沪港及象山港，由于地理环境一致、地域文化相同、村落风格的相似，其在乡村旅游的开发上存在一定的同质性现象，具体表现在几个方面：一是乡村旅游产品的雷同化。目前，部分乡村存在模仿及跟风现象，以乡村玻璃栈道、乡村小火车、乡村七彩滑道为例，茅洋的白岩下村、黄避岙的龙屿村、东陈乡的上周村均有此类产品，由于盲目跟风及产品雷同，其部分项目运营难以为继，造成大量的资源浪费；二是民宿业态的同质化。民宿经济是象山县乡村旅游的亮点，由于县政府积极鼓励，大量乡村积极发展民宿业，在乡村民宿崛起的同时也存在同质化竞争的风险，像花墙村、沙地村、墙头村、墩岙、沙塘湾村，其民宿除价格上的差异外，缺乏其他特色上差别；三是乡村旅游活动单一。相关配套的活动较少，配套多以采摘园、滩涂娱乐园、滑草滑道、户外泳池为主，相关延伸活动较少。

二、居民精神富有成效有待提升

物质富有与精神富有是共同富裕的两个核心维度。从象山县当前乡村旅游发展来看，居民物质富有得到很大的提升，而以文化产品、文化公共设施、文化活动为主要参考指标的精神富有有待提升。在文化产品建设方面，文化资源的挖掘不够，文化元素植入不多，文化嫁接较为生硬、文化标识区别较小，像樟岙、舫前、儒雅洋等深厚的历史文化挖掘停留在浅层次；公共文化服务关键在于均等性与共享性，要满足多层次、多方面、多样性精神文化需求，需要在公共文化设施配套方面发力。象山县共同富裕示范村创建均设有文化礼堂，但是文化礼堂陈设内容较为单一，多以举办红白喜事家宴为主，缺乏相应的图书馆、特色展馆、非遗展馆等；虽然一些乡村具有特色展馆、非遗展馆、名人展馆等，但面向游客的开放时间不固定，多需要提前预约；在文化活动方面，面向民众的大众文化娱乐活动相对较少，多数节庆活动居民参与度不高，节庆活动传播效果不佳。根据对 28 个村的居民共富感知的调查，文化设施完善（$M = 4.04$）和社区居民增权（$M = 3.79$）的感知均值相对较低（见表 4–3）。

表 4–3　居民共富感知现状调查

统计资料					
	社区居民增权	乡村经济发展	社区关系和谐	乡村环境改善	文化设施完善
N（问卷数量）	392	392	392	392	392
	0	0	0	0	0
平均数	3.79	3.74	4.15	4.32	4.04
最小值	1.00	2	2	2	1
最大值	5.00	5	5	5	5

三、乡村产业创新能力后劲不足

从对28个村的调研来看，村庄共同富裕效果显著，像高泥村以渔旅融合为主、东旦村以体旅融合为主，均找到了乡村产业发展的支撑与依托，而部分乡村像大徐镇军湖村、方家岙镇舫前村等缺乏相应的产业导入。首先，根据问卷调查，28个村的居民乡村经济发展的认知相比其他方面较低（$M = 3.74$），其主要原因在于居民的参与度有待提升。其次，乡村产业创新能力不足，在项目建设方面直接复制，只讲短暂效益，缺乏长久考量，“一哄而上、后劲乏力”；在项目运营上，白岩下、龙屿、东旦等村均委托专业公司进行市场运营，而其他乡村缺失市场化运作能力。第三，业态创新能力不足。乡村旅游发展已经跨越以资源、产品为主导的阶段，进入到以业态创新与场景体验的阶段。当前象山县大部分乡村旅游以传统消费业态为主，而创新性消费场景及体验场景缺失。最后，乡村只注重“点”的建设，而缺乏系统性的“面”的集成。

四、区域共同富裕发展不够均衡

乡村共同富裕的核心在于集体共富与全民共享。实现集体共富要推动乡村产业发展与村集体经济规模壮大，实现村民共同富裕要促进村民收入和生活水平提高。从当前乡村旅游共同富裕示范创建单位来看，区域共同富裕发展不够均衡，表现在以下几方面。首先，乡村集体经济规模不大，村与村之间的集体经济存在明显的差异。以2021年为例，方家岙的村集体经济规模为1000万元，而青山头村的村集体经济规模为10万元，青山头村仅为方家岙村的1%。乡村集体经济的规模直接关系到乡村基础设施投资与文化设施配套，直接影响居民的幸福感；其次，村民的人均收入水平存在差异。从调查数据来看，各共同富裕示范村的村民收入高低不均，存在明显的差距。以2021年为例，青山头村的人均收入为8万元，而花墙村的人均收入为1.7万元，花墙村人均收入仅占青山头村的21.25%（见表4–4）。村民平均收入水平与村民生活水平直接相关，影响村民的生活质量。当村民从旅游发展中获益较多时，将支持乡村旅游发展；当其感到明显差异时，往往对乡村旅游发展产生排斥态度。从当前调研来看，存在集体经济富而村民人均收入低、村民人均收入高而集体经济弱的尴尬局面，这主要与村庄的人口规模大小、集体经济规模大小有关。

表 4-4　部分村庄的村民收入与集体经济收入

村庄名称	村民人均纯收入（万元）			集体经济（经营性收入）（万元）		
	2019	2020	2021	2019	2020	2021
东门渔村	4.5	4.8	5.3	120	120	180
大沙村				21.67	63.51	81.91
青山头村	6	7	8	9	7	10
沙地村	5	6	6.5	12	13	13.5
黄公岙村	2.4	2.6		160	117.3	85.3
花墙村	1.4	1.5	1.7	13.41	18.53	9.141
东旦村	1.72	1.85	2.1	126	100.4	95.99
方家岙村	2.8	3	3.5	650	750	1000
旭拱岙村	4.08	4.28	4.58	45.3	47.3	57.1
高泥村	4	4.32	4.7	11.6	88.55	57.89
旦门村	1.68	1.8	2.06	43.06	42.67	63.51

五、乡村共同富裕制约因素有待破解

乡村旅游高质量发展促进共同富裕是多种要素相互作用的结果，根据对28个村的调查显示，土地指标与生态红线是制约乡村旅游发展的客观性和决定性因素，土地要素是旅游项目与旅游设施建设的根本依托。从共同富裕的视角来看，当前多数村落都出现不同程度的空心化和老龄化，导致实现共同富裕的内生动力不足，无法有效地助推乡村振兴。像黄避岙乡高泥村黄鱼养殖人员多为年龄较大者，年轻人多从事现代服务业，不再从事养殖业，面对此现状，激活各村沉睡资本和资源，积极落实乡贤回村、青年进村的政策迫在眉睫。另外，当前乡村旅游经营者与从业者由于自身认知水平的有限性，旅游市场意识及品牌推广意识缺失，乡村旅游 IP 的挖掘严重不足。虽然已经形成财政转移支付、村民集资、乡贤捐赠、社会企业投资等多元化投资机制，但是在分配机制上，特别是关于促进村民收入的二次分配机制有待优化，需要构建更具有包容性、均衡性的分配机制。

第四节　乡村旅游高质量发展促进共同富裕的象山模式

一、乡村旅游高质量发展促进共同富裕的总体模式

习近平总书记指出，共建才能共享，共建的过程也是共享的过程。要充分发扬民主，广泛汇聚民智，最大激发民力，形成人人参与、人人尽力、人人都有成就感的生动局面。从整体共同富裕模式来讲，对于象山县而言，应从国际滨海乡村旅游目的地视角，构建国际滨海乡村旅游目的地共同富裕模式，即以乡村共谋、共建、共创，推动乡村共治、共管、共赢，从而实现乡村共享、共赢，如图 4-1 所示。

图 4-1　乡村旅游促进共同富裕的象山模式

（1）共建共谋。象山县乡村旅游高质量发展促进共同富裕的实现是共富主体联合作用的必然结果。首先，政府发挥了决策指导、规划引领、政策扶持的作用；其次，是乡贤在乡村旅游发展中起着推动性作用，乡贤贡献智力，集思广益、出谋划策；最后，乡村居民是实现共同富裕的主要力量，居民参与是实现共同富裕的起点。象山县以“村民说事”为基础，构建乡村旅游发展的共商机制。“村民说事”，即通过“说、议、办、评”四个环节，让村民自己“说事、议事、主事”，把对乡村旅游发展的谋划权、商定权、监督权交给群众。另外，通过“代表督事”“乡贤参事”、社会组织参与基层治理等创新模式迭代升级，绘就了一幅全民参与乡村旅游治理的同心画卷，构建了发展乡村旅游协商参与机制，赋予了村民参与乡村旅游的知情权、决策权与监督权。

（2）共筹共创。在乡村旅游发展过程中，象山县创造了多种旅游投资模式，像茅洋乡白岩下村的村民共筹模式、涂茨镇黄沙村村民—企业合资模式、贤庠镇青莱村的村集体融资模式等，共同筹资解决了乡村旅游发展的资金问题。在后期运营的过程中，象山县的乡村注重党政联合、村企联合，共同创建A级景区村、乡村全域旅游示范区、共同富裕示范村等，上下齐心、联合发力，共筹共创。

（3）共治共管。基层治理现代化是乡村旅游可持续发展的重要保障，以乡村旅游促进基础治理是乡村旅游的重要功能。在乡村旅游发展的过程中不仅需要村民共谋共商，还需要村民的广泛参与共治共管。象山县以“小微权利清单”为抓手，把乡村旅游的项目清单晒在“阳光”下，强化村民对乡村旅游发展的监督。强化行业自律与自我监管，像东旦村成立了由村党支部书记任联盟带头人的民宿联盟，制定民宿章程，建立民宿公约。像方家岙村成立民宿服务中心，对村里的民宿进行统一管理、统一规范、统一服务、统一结算，进一步优化了民宿管理机制，构建了村民共管乡村旅游的平台。象山县通过“村民说事”“党建联盟”“民宿联盟”“乡贤理事会”、乡村旅游协会等正式或非正式的组织形式，强化基础治理，规范乡村旅游开发、建设、运营与管理流程，共治共管，长治久安。

（4）共享共赢。多方共赢、成果惠民体现了共同富裕思想的主旨，多方共赢是为了让企业增效，让百姓获利；而成果共享是为了让旅游惠民，促进空间公平、主体公平与成果公平。通过房屋“三权分置”，让村民“沉睡的资产”重现生机，释放更多经济红利。参与农房和土地出租的村民，获得年租金收入，村民变成了“房东”；村民通过房屋、土地、资金入股，众筹开发旅游项目，村民变成了“股民”。像茅洋乡白岩下村、贤庠的青莱村、涂茨的黄沙村、鹤浦的小百丈村等村，积极探索委托运营、合资经营、股份经营等新型合作模式，引入专业运营公司统一盘活闲置特色民居，按营业收入比例分成，并将乡村带来的经济收益外溢于村民，持续促进村民增收。公平的参与机制、利益分配机制、区域整合机制，保障了共享共赢与共富实现。

二、乡村旅游高质量发展促进共同富裕的特色模式

根据对全县 28 个创建村、培育村的考察，28 个村的发展路径既有相似之处又有差异，既有个性也有共性，基本上可以总结出象山县乡村共同富裕的“四种模式”：景村联动模式、民宿聚焦模式、村民众筹模式、体旅融合模式。

（一）景村联动模式

通过景区开发，实现景村联动、资源互补、利益共享、村民共富。截至 2022 年，象山县 A 级景区村庄有 216 个，其中 3A 级景区村庄有 42 个，2A 级景区村庄有 42 个，A 级景区村庄有 132 个。目前，方家岙村为全国重点旅游乡村，花墙村、东旦村为省级重点旅游乡村。

新桥镇以影视城为依托，充分用好影视城、海影城等优势资源，包括导演、知名演员等名人效应，支持村民大胆探索“影视文化 + 民宿 + 特色文化街”等项目，以景区发展带动旅游要素聚集，构建环影城共同富裕发展圈。黄公岙村积极对接道具、服装、置景等影视配套产业公司及剧组，积极发展客栈及民宿产业，目前全村有农家客栈 146 家，房间 1846 间，床位 3655 张。上盘村充分承接影视城的辐射带动效应，大力发展宾馆客栈、农业观光、道具加工等产业，带动了 52 家民宿客栈的发展，2021 年实现集体经营性收入 80 余万元。与此同时，还盘活了 1100 平方米的农业设施闲置仓库、500 平方米闲置土地及村庄集体闲置房，每年增加村集体经济收入 40 万元。象山县除利用影视资源之外，还把风情渔村

作为带动共同富裕的战略引擎，像东门渔村依托东海第一渔村的开发，带动了全村民宿产业的发展，年接待游客 35 万人次以上。黄避岙乡积极创建乡村全域旅游示范区，该乡的龙屿村围绕乡村旅游，导入项目，建设产品，创建 3A 级景区村，以创建为带动，促进环境提升、乡镇品牌价值增值。晓塘乡以乡村旅游为抓手，深入推进乡村景区建设，积极打造 3A 级景区村，2022 年新增 2A 级景区村 2 个、A 级景区村 1 个。茅洋乡以首批乡村旅游示范区创建为契机，成功创建浙江省旅游风情小镇、省旅游产业集聚区、省 4A 级景区乡镇，当前全乡已有省级景区村 9 个，3A 级景区村 5 个。村庄景区化建设擦亮了乡村生态底色、改善了乡村人居环境、创新了旅游发展业态。

（二）民宿集聚模式

象山县以闲置房屋发展民宿经济，以民宿经济驱动村集体经济及乡村经济发展，以民宿的品质提升促进乡村旅游产业转型升级，形成了强村富民的民宿大产业。目前，象山全县民宿共有 1263 家，客房 13 261 间，床位 24 628 张，占宁波市的 70% 以上。等级民宿 53 家，其中白金宿级 2 家，金宿级 7 家，银宿级 44 家。宁波市等级民宿共 123 家，象山县占比 43.09%。市叶级客栈 13 家，其中五叶级 4 家，四叶级 6 家，三叶级 3 家，全市 41 家，象山县占比 31.7%。

象山县积极实施“桃花源计划”，召开乡村空间发布会，通过环境价值转换、房屋价值盘活、运营方式创新，构建了民宿发展集聚区，像方家岙村、沙地村、沙塘湾村、东旦村、大沙村都集聚了 50 家以上的民宿、客栈，形成了民宿发展集群。2019 年茅洋乡被认定为省乡村旅游产业集聚区，2022 年定塘沙地村、新桥上盘村等 9 个村获评首批宁波市民宿产业集聚区。

民宿反哺乡村，引领共同富裕发展之路，方家岙、沙地、墩岙等村形成了相应的机制，民宿抽出部分利润用于村庄保洁、绿化维护等社会公益事业。民宿促进相关产业联动集聚，推动生产要素跨界配置，构建乡村产业利益联结新机制，从而形成共同富裕效应。如泗洲头墩岙村已初步显现“三三”格局：1/3 的村民投身民宿经营、1/3 的村民从事民宿服务、1/3 的村民发展农渔经济。

（三）村民众筹模式

象山县在乡村旅游发展的过程中，通过政策补贴、村民众筹、“集体经济 + 社会资本”等方式解决资金来源问题，而村民众筹是资金筹集的重要方式。如茅洋乡的白岩下村 2018 年以集体入股（村集体占股 10%）、村民众筹模式，聚集 250 户村民，每户出资 8000 元，筹资 200 万元建造海景玻璃栈道，当年实现分红 250 万元，村集体经济增收 80 万元。之后全村 300 余户村民全部参股，众筹开发二期滑道项目，景区自开业以来门票收入达 2000 余万元，目前户均分红 2.2 万元。银洋村采用众筹模式，筹得资金 423 万元，打造“蟹钳港 · 乡村欢乐世界”，不到半年时间，每股分红 2600 元，村集体以资源入股项目，获得 30 余万元收入。东陈乡上周村，30 余户村民众筹 680 万元打造全县首座玻璃索桥，已实现旅游收入 150 万元；黄避岙乡龙屿村通过众筹，打造集休闲、娱乐、观赏为一体的龙山公园，成为斑斓海岸线上的亮丽景点。截至目前，全县已有 6 个乡村旅游项目实施乡村众筹，每年实现旅游创收近 3000 万元。象山县通过“集体经济 + 村民入股 + 社会资本”等形式，实现了村集体重资产投入与企业轻资产运营相结合，构建了村企利益共同体，撬动了乡村旅游产业发展，促进了村民共同富裕。

（四）体旅融合模式

象山县依托海洋资源与亚运平台资源，抢抓亚运机遇，积极推进文体旅全方位融合，助力共同富裕。2019 年举办中国无人机竞速公开赛，结合“赛事 + 景区门票 + 精品民宿”套票和“玩山、探海、趣田园”特色乡村体验游产品，实现 7 天接待游客 7 万人次，旅游收入 369 万元。2020 年的浙江大湾区自行车公开赛（象山站），带动了住宿、餐饮等消费 150 余万元。东陈乡东旦村巧借亚运东风，与天海风（宁波）体育文化发展有限公司开展战略合作，策划打造华东地区首席时尚运动海滩，通过艺术点亮海岸线、运动激活海岸线，走出了一条“碧海银滩”变成“金山银山”的“东旦路径”。在时尚运动沙滩的带动下，建成民宿 48 家，房间数 396 间，床位数 695 个，累计吸引社会投资 3200 万元，吸纳

100余人就业；晓塘青山头村，依托生态资源优势，积极完善体育运动设施，积极承办浙江省全民建设生态运动会、宁波市美丽乡村奥运会迷你马拉松赛等各类体育活动，以体促旅，构建“青山宴、青山娱、青山宿”一体化业态体系，促进村民增收45万元。象山县坚持体旅融合，积极打造“经海逐浪”等精品线，推出系列“爆点事件”，创新构建体旅融合促进共同富裕的发展路径。

第五章　乡村旅游高质量发展促进共同富裕的象山案例

象山县在乡村旅游促进共同富裕的过程中，呈现了民宿集聚、渔旅融合、景村融合、“三权分置”、体旅融合、乡贤回归、村民众筹、党建引领8个方面的典型案例，并各具特色，本章将系统剖析这些典型案例成功的秘诀。

第一节　方家岙村民宿集聚促进共同富裕的案例分析

一、村庄概况

方家岙村位于象山县城西郊，距象山县城10千米，北临西沪港，南倚大雷山，西接甬台温高速公路，东接象山港跨海大桥，区位优势明显。全村区域面积5.19平方千米，人口2124人。20多年前，方家岙村还是一个“靠山吃山，靠海吃海”的穷乡村，自2012年起，方家岙村效仿沙地村开办“包吃包住”的“农家乐客栈”后，利用舒适的民宿体验、美味的海鲜大餐、价廉的农家资源不断吸引上海游客，通过盘活沉睡资源、转换生态价值、提升运营机制等方式，经过20多年的不断改革创新和发展，逐步形成“民宿集聚”的全新局面。该村先后荣获浙江省3A级景区村庄、浙江省休闲旅游示范村、省级农家乐示范点、省老年养生旅游示范基地、全国乡村旅游重点村、宁波市村民说事现场会考察点、全国乡村治理现场会考察点等荣誉。

二、实践做法

方家岙村三面环山，一面临海，村庄风景秀丽，人文资源丰厚。近年来，方家岙村一直坚持以生态为底线，以党建为引领，以民宿经济为内生动力，走出了一条“生态为魂、党群引领、业态培育、产业联动、人才集聚”的乡村共同富裕道路。

（一）生态为魂，夯实民宿集聚环境基础

生态振兴是实现乡村共同富裕的重要前提。方家岙村的自然生态环境优越，森林覆盖率达 77.31%，拥有储水量 53 万立方米的天然水库，是国家级生态村。2012 年，村书记欧昌吾借鉴沙地村的民宿发展模式开办第一家民宿后，快速取得成功。随后，该村深入践行“青山绿水就是金山银山”的理念，进一步联动“高山、流水”等优越的自然禀赋，探索出“生态 + 旅游”的发展模式，走上了民宿集聚发展之路。方家岙村的民宿客栈从最初 7 家发展到现在的 50 家、床位超 1000 张，一张床位的年平均收入超过 1.2 万元，真正实现了村民在“家门口”就业创收。为持续推进村庄绿化美化，夯实生态基础，整治村溪坑河道 620 米，实现河道两旁绿化 4000 余平方米，扩建环溪观光游步道 600 米、生态溪流观光长廊 1000 米、游泳池 2000 平方米、垂钓中心 1500 平方米，建成樱花主题公园等景点 12 个；为完善村庄公共设施，打造了通村美丽公路、旅游公厕 10 座、生态停车场 10 座（车位 800 个）等，荣“获浙江省美丽乡村精品村”“浙江省美丽宜居示范村”“宁波市最洁美村庄”等荣誉称号；创造了“处处皆景、时时宜游”的全域景区化大格局，也为美丽乡村建设奠定了基础。

（二）党建引领，凝集民宿集聚发展合力

民宿产业的持续发展，新型业态的培育，需要时刻坚持以党建为统领，为共同富裕提供动力。方家岙村充分发挥基层党组织战斗堡垒作用，2012 年注册成

立了象山县方家岙村旅游服务部，盘活了多处闲置资源，承担参与了村庄管理运营、招商投资、产品开发、旅游营销等各项职能，并扮演“第二村委会”角色，产生良好的社会效应，实现了方家岙村民宿规模化、规范化；积极推进“夜办公”“村民说事”“墙‘薇’姐妹议事团”等制度，统一制定民宿标准、价格、卫生保洁费用等，从民宿每人接待中抽取 8 元公共卫生保洁费，在壮大村庄集体经济规模的同时，提升乡村治理水平。

（三）业态培育，塑造民宿聚落特色品牌

民宿集聚不仅是旅游的容器，也是具有“磁极”效应的旅游吸引物。方家岙村充分挖掘“山、水、桥、塔、寺、庙、道、祠”等核心资源，推行“乡村特色 + 民宿发展 + 产品业态”模式，打造了与当地优势资源相结合的独特且多元的产品业态，为民宿集聚提供精神力和驱动力。依托大雷山溪水、天然水库、高山、古道开发了“民宿 + 康体疗养”“民宿 + 亲子运动”等业态；依托欧家大院、古庙、古祠打造了“民宿 + 文化创新”“民宿 + 研学教育”等；依托青椒农场、生态田园打造了“民宿 + 农副产品”等，促使“大方家岙”民宿品牌变得更加响亮、更具内涵。

（四）产业联动，推动民宿集聚多元共生

方家岙村借助优厚的自然资源和深厚的文化底蕴，打造成“三产”深度融合、农文旅有机结合、多业态联动发展的民宿集聚村落，促进村民增收致富，实现共同富裕“双赢”局面。方家岙村最大限度推动“民宿 +”的发展，从产业链延伸、民宿功能拓展等方面发力，相继建成环溪观光游步道、大雷溪漂流、彩虹滑道、烧烤营地、垂钓中心等娱乐设施，打造了“享天然氧吧、住农家客栈、游高山古道、品古村文化”的休闲旅游集聚地 。为了使民宿与农业深度结合，不断改良“农家乐”模式，打造千亩雷竹园、草莓种植基地、红美人种植基地、青椒农场，线上与线下同步销售蔬菜、水果、禽蛋、肉类等农副产品，并开展挖雷笋、摘草莓、采茶叶、摘樱桃、捣麻糍、包粽子、垂钓等体验活动以及泼水节、登山节等节事

活动，形成了集生产、销售、观光、加工、体验于一体的特色综合体；利用欧家大院传承明清古建筑、古家具文化，实现“民宿＋旅游＋农业＋文化”的多元产业融合发展。近年来，方家岙村的民宿订单量呈现爆发式的增长，年平均接待游客已达20万人次，旅游经营收入高达3500万元，村民人均收入3.5万元。

（五）人才集聚，打造青贤集聚的民宿村落

人才振兴是乡村振兴的内生动力。象山县近几年大力实施“两进两回”措施，积极落实《关于进一步做好旅游特色民宿就业创业政策落实工作的通知》相关政策，帮助青年人才创办旅游特色民宿，吸引了很多年轻人参与乡村建设与发展。方家岙村为吸引乡贤返乡成立了“乡贤参事会”，引入青椒农场，打造智慧农业平台，促使乡贤组织发挥助推家乡经济发展的纽带作用。加大对本地青年人才的培养，如象山县方家岙旅游服务部充分发挥用人的主体作用，招收录用本地青年，强抓人才技能培训，激活工作动能，助力乡村振兴。

三、体会和思考

（一）民宿升级是关键

目前，方家岙村的旅游发展已经进入了成熟期，提升乡村旅游开发业态从低水平消费的农家乐客栈到高品质消费的精品民宿集群刻不容缓。积极开展与当地优势资源禀赋条件相结合的休闲活动，丰富村庄旅游集散、文化创意、乡村游乐、美食购物、民宿度假、运动休闲、研学教育、康体疗养等功能业态，推动乡村旅游产业提档升级。发挥方家岙村的民宿经济优势，依托民宿集群，规划打造民宿一条街。对街区风貌进行统一规划，提升村庄“邻里空间”“邻里生活”“守望相助”等未来场景，建设方家岙村未来邻里中心。

（二）产业升级是动力

对民宿关联性产业进行实质性的引导规划和政策支持，为民宿的产业化、集

群化发展创造良好的发展环境。出台民宿经济发展政策，引导村民及更多的农户参与民宿、特色餐饮、农产品销售等经营活动，带动更多的村民致富。盘活村集体资产，开发村集体控股的民宿，进一步壮大村集体经济规模。

（三）数字升级是引擎

积极推动“互联网＋旅游”“农业＋旅游”“双创＋旅游”，重点打造“青椒农场”农业“一站式”资源对接平台，盘活方家岙村抛荒的土地资源，构建农旅创新产业链。通过“互联网＋物联网＋直播＋农业＋旅游”的模式，打造一个健康、体验式的精准消费智慧农业平台，带动商品、资金、人才、信息的流动。塑造方家岙村文创 IP 形象，以此为统领，研发方家岙村书法工艺品、旅游纪念品、特色食品等系列农产品及延伸商品，注重方家岙村农产品的线上与线下联动销售。

第二节 高泥村渔旅融合促进共同富裕的案例分析

一、村庄概况

高泥村隶属于象山县黄避岙乡，位于象山县西北角。东至黄大山，南至西沪港畔，西至象山港，北至黄大山，呈三角形分布于美丽的海港畔。村域面积 3.4 平方千米，其中耕地 691 亩[①]，其中水田 682 亩；山林 3722 亩，柑橘 200 亩。全村共 253 户，共计 792 人，现有党员 49 人。截至 2022 年年底，全村从事养殖业的超 160 户，养殖面积达到 3000 亩，品种 20 余种，年总产值逾 1.4 亿元，村集体经济收入突破 120 万元，村民人均收入高达 5 万元。高泥村以网箱规模化养

① 1 亩≈667 平方米。

殖、浒苔养殖加工、良种育苗、农旅产业融合为突破点，“三产融合”“多条腿走路”的产业格局初步形成。

二、实践做法

高泥村瞄定“斑斓海岸，畅想未来”的目标，进一步以人本化、数字化、融合化、生态化、共享化为导向，通过渔旅融合解锁乡村共同富裕密码，走出了一条“渔旅融合促共富”的“高泥路径”。

（一）培育主导产业，黄鱼养殖赋能乡村经济腾飞

坚持以产业为主导，是实现共同富裕的核心驱动力。高泥村一直推动黄鱼产业的发展，实现了从单一的黄鱼养殖发展为业态多元化、规模化、集聚化的“闭环链条”，推动了高泥村产业提档升级，夯实乡村振兴的基础。1987 年，在村书记严兴国的带领下，高泥村村民通过制作简易网箱，在西沪港试养石斑鱼、鲈鱼，赚得了“第一桶金”。2003 年，联合养殖大户开办“海和兴海洋发展有限公司”，按照“政府 + 社会 + 集体 + 村民”共建共享发展模式，经过 20 多年的不断发展，村民收入、集体经济实现了跨越式发展。

围绕“高泥黄鱼”这张“金名片”，积极拓展黄鱼全产业链，在育苗、养殖、加工、销售等环节不断延伸，实现村级资源与企业需求、社会需求精准对接，助力农民增收致富。如积极改善传统养殖模式，用 24 米 ×24 米的环保复合型材料替代传统网箱，既增产又安全，养殖效益由 600 元 / 平方米提高至 1000 元 / 平方米。通过“合作社 + 农户”的发展模式，成立海韵黄鱼合作社，带动养殖户“抱团”生产销售，实现产量和收益的“双赢”。此外，联合宁波大学建立黄鱼加工厂，共同研发黄鱼衍生产品，创造高泥村特色的“黄鱼品牌”。自 2022 年以来，高泥村已经安排实施 36 个投资项目，其中政府投资 2320 万元，带动社会等各类产业投资 1.03 亿元。

（二）推动三产融合，渔旅融合促进产业规模壮大

高泥村在大力发展黄鱼产业的同时，把“盘活农村闲置资源”作为未来乡村

建设的突破口。通过吸引社会资金和运营团队开发民宿、旅游景区等，释放乡村活力。例如，将建筑面积达 1.65 亩的废弃的学校建成精品民宿“安澜别院”，实现年营业额收益超 40 万元；开发“里海荷塘”农旅综合项目，依托市海洋与渔业研究院、县农技中心等机构，探索出稻蟹、稻虾、稻鸭共养的“水稻 +”新模式，使村农田亩均产值增加 9500 元、亩均减少化肥农药成本 430 元，进一步提高了产业发展的规范化、标准化水平。

依托高泥村特有的山、海、农、林、旅等自然优势和人文渔耕优势，将两大优势有机地结合起来，大力推动农文的发展，打造集乡村文旅、农业观光、稻田体验、海洋休闲体验、教育拓展于一体的田园综合体。邀请游客参与黄鱼喂养、捕捞等养殖活动；带领游客稻田钓虾，开展研学活动，指导学生体验渔耕生活，打造“第二课堂”。推进“北纬 30 度斑斓海岸海洋运动文化产业线”建设，以海上休闲平台、黄鱼生态牧场、滨海疗愈基地、斑斓艺术田园、海岸青年营地、沐野轻奢荷塘、精灵童话乐园、时光读海书屋为支撑，以大众参与式评价、数字创意漫游、沉浸式体验等新型农业经营模式为抓手，开展大黄鱼美食节、鱼排海钓比赛、渔乐活动、以渔会友等活动，形成高泥村的消费新场景。

（三）推行全域数智，科技赋能未来乡村

坚持以科技兴产业，是实现共同富裕的主要动力。高泥村在发展乡村产业的过程中，聚焦“信息基础、数字应用、保障体系”等数字乡村场景建设，构建未来乡村新图景。一是提升“智慧渔场”，锻造“主力军”。按照“大脑 + 应用 + 未来产业”的发展模式，引进“乡土专家”徐万土、“国万人才”朱文荣、“国千人才”杨光华博士为带头人的渔业、农业和健康产业团队，持续推进网箱养殖的技术革新，向规模化、集约化、自动化方向转变，为乡村振兴提供智慧力量。以西沪港区海水养殖气象保姆为载体，打造智慧渔场综合管控平台，充分发挥水质监测、网箱监控、数据传输、智能分析等功能，提供网箱养殖“实时数据”，实现村民远程在线养殖、防治病害，并引入半自动喂养模式取代传统模式，解放人工，推动养殖生态环境转型升级。二是开发“智慧农场”，激活“新动能”。农业发展是推动高泥村经济发展的新引擎。不断引入数字化农业技术，以“可高

产、可循环、可持续”为目标，开启智慧种植模式，从而提升农业生产的效果，促进村庄的稳定发展。目前，高泥村在水稻种植片区，利用智能摄像头、无人机、物联网传感器等技术设备，建设管理驾驶舱，根据显示的气象土壤数据情况，全面提升生产资源的利用率，优化稻田管理水平，实现水稻种植的提质增效。三是实施“基层智治”，搭建“新阵地”。依托智能化的手段，推进美丽村庄建设，为乡村治理注入“智慧基因”，从而提升基层精准化、可视化水平。推进数字化改革，构造“一中心、四平台、一网格”基层智慧治理体系，设立5个微网格，形成班子联动网格、网格带动群众的良好氛围，高效解决村庄扶贫救助、疫情防控、公共安全等问题。积极打造“智慧厕所、智慧垃圾站、智慧食堂、智慧设施、人脸识别、智慧停车场”等便民设施，“一站式”解决村民生活所需。针对“一老一少”群体，为老人配备健康手环等监护设备，实时跟踪老人居家环境、出行安全及健康状况，并安装门磁和烟感系统，保障他们的人身安全。为孩童提供“儿童之家”，通过少儿讲座、阅读推广、知识竞赛等方式让孩子享受优质的公共服务。

（四）夯实战斗堡垒，党建筑牢共富基础

坚持以党建为统领，是实现共同富裕的重要举措。高泥村党支部以“三公六心”为标准，立规矩、做表率、树形象，有效助推村庄资源整合、优势互补、共建共治，凸显支部战斗堡垒作用。在实现乡村振兴的道路上，高泥村扎实推进“村民说事”“鱼排说事”“现场支部”等制度的落实，开展党员上门说，村民集中说，党群网格说，规范村民议事协商机制，完善村规民约、党员联户、困难户认定等制度，走好了高泥村善治之路。截至2022年，全村新增管理制度10条24项，组织开展道德讲坛、村民道德评议会5次，累计解决渔排维修、黄鱼营销渠道扩充等难题80余件，调处矛盾纠纷42起，为黄鱼产业高质量发展提供坚实保障。充分发挥巾帼党员队伍模范作用，带头宣传、村道整治、助力人居环境质量提升，定期开展结对指导、督促检查等活动，让村民主动参与环境整治工作，真正融入美丽乡村建设；同时，积极宣传“三务公开”的监督制度，让村民拥有知情权、参与权、管理权、监督权，深化权力监督制约机制，保障推进党风廉政建设。

三、体会和思考

（一）黄鱼养殖要提档升级

加快完善西沪港网箱养殖基地的统一规划，用塑胶、碳纤维等环保复合型材料改造提升传统养殖网箱，并对海区进行清淤处理，降低水体富营养化风险，进一步优化海域生态环境。大力发展“鱼—贝—藻”立体混养模式，在扩大养殖鱼类品种的同时提升海区的自净能力和抗病害能力。在网箱养殖区域，提倡轮养模式，提高养殖鱼类品质。

（二）黄鱼销售要数字赋能

建立提供“直播养鱼、虚拟养鱼、网箱认养、产品订购”等服务的“云养鱼”平台。在提高消费者信任度的同时，有利于增加销售渠道、缩短销售时间、减少产品损耗、降低养殖风险、提高产品知名度。相应网箱的物联数据将与平台实现数据对接，消费者可以通过手机查看认领网箱的气象、水情和黄鱼长势等信息。在收获期，消费者可以在平台上预约线下体验收网捕鱼，也可选择邮寄直达。

（三）渔旅融合要做深做透

一方面，依托育苗厂、黄鱼加工厂等开展黄鱼主题研学项目。同时，培育建设海洋科普馆，对黄鱼、紫菜、苔条、海带等特色产业进行深度开发和挖掘，打造特色的产业研学基地。另一方面，充分发挥高泥村的新农村建设成果，与里海荷塘相结合，开展特色节庆、田间观赏、乡村振兴参观等活动，发展乡村振兴主题研学。通过两大板块的研学产业带动农家乐、民宿的发展。此外，将高泥村的景点、项目和全乡乃至全县的旅游资源进行打包设计路线，使之成为象山县北部旅游特色村。

（四）黄鱼文化要形成 IP

探索研发各类黄鱼衍生品，如高泥黄鱼伴手礼、黄鱼文创产品、IP 形象玩偶等延伸产品。多举措、全方位提炼黄鱼元素，形成独具一格、丰富多彩的黄鱼文化。充分发挥新媒体作用，利用直播大黄鱼捕捞、高泥黄鱼节等方式打响黄鱼文化品牌。

第三节　小百丈村“三权分置”促进共同富裕的案例分析

一、村庄概况

小百丈村位于象山县鹤浦镇南田岛中部，由原来的小百丈自然村和小渔山自然村合并而来。小百丈村现有村民 435 户 1308 人。全村耕地 1077 亩，山林面积 4076 亩，种植有柑橘 1400 余亩，杨梅 292 亩，茶园 150 亩，是县重点柑橘基地之一，村民主要收入以农业为主。2017 年，该村被列为市环境整治提升村。小百丈村旅游资源丰富，有老石屋、水库、百亩茶园、千亩柑橘园和张苍水兵工厂遗址等。2018 年以前，全村人均年收入仅 1 万元左右，村集体经济薄弱。2018 年 4 月，小百丈村颁发全省首本宅基地“三权分置”不动产权证，赋予宅基地完整权能，激活闲置房地资源，为乡村产业发展注入发展动力，2020 年村集体总收入为 340.29 万元。“三权分置”探索了闲置房屋资源盘活的新路径，带动了资本下乡，激活了乡村共富新动能，促进了乡村文化振兴与生态振兴。

二、实践做法

（一）三权分置激活沉睡资源

小百丈村是一个海岛型乡村，起初交通相对不畅，信息闭塞，特别是一些村内的旧房老宅大量闲置。2018年中央一号文件中明确提出宅基地实行“三权分置”：完善农民闲置宅基地和闲置农房政策，探索宅基地所有权、资格权、使用权“三权分置”。小百丈村对此先行先试，积极探索，颁发了浙江省首本农村宅基地“三权分置”不动产权登记证，让农村土地产权归属清晰、权能完整、流转顺畅，即村集体拥有所有权、农户拥有资格权、投资方拥有20年使用权。“三权分置”强调要激活土地经营权，通过经营权流转实现土地的社会化配置，进而拓展农民的选择范围和收入渠道，提高土地要素的流动性和配置效率。农村宅基地“三权分置”改革探索，唤醒了小百丈村沉睡已久的资源。安可乡建团队租用村里15处石屋和周边近6300平方米闲置土地，流转获得使用权后，统一开发精品民宿等业态，并为村庄建设提供规划和设计咨询，全力打造乡村旅游度假目的地。“三权分置”的推行，更带动了本地农民从“老一产”向“新六产”转型。

（二）资源盘活带动资本下乡

“三权分置”不仅唤醒了沉睡的乡村资源，也架起了资源与资本对接的桥梁。2018年，“三权分置”改革实施后的第一个文旅项目成功落户，安可公司共租用村民闲置农房15处约1500平方米，租用橘园近6300平方米。“三权分置”使破旧石头屋得以变现，村民有了租金收入，村民变成“房东”。让企业安心获得20年使用经营权，权属有了保障，企业更有信心在乡村大展拳脚。安可公司投资2000多万元将废弃石头屋打造成安可民宿，6300多平方米闲置土地成了精品果园。自2019年5月安可橘宿正式营业以来，全年入住率保持在50%以上。村庄的发展为年轻人提供了返乡就业的优越环境，吸引了本土人才回归。

（三）资本下乡撬动村民共富

小百丈村共有435户，村民主要以务农为主，经济收入来源少。小百丈村通过闲置房屋转化为精品民宿、村企合作优势转化为品牌及客流优势，探索了“村企合作”促进共富的路径，形成了村集体“重资产”、运营方“轻资产”、老百姓“增收入”的多赢共富格局。村集体出资建造了70余间新仓库和农房，其中一部分和村民置换了400多平方米闲置旧房，以每年每平方米50元的价格出租给安可团队。目前，村里已一次性拿到5年租金10余万元，20年租期可为村集体增收40余万元。参与农房和土地出租的村民，都能获得年租金收入，待20年租赁期满后，总计可为小百丈村民带来约225万元的总收入。目前，小百丈村村民已一次性拿到5年的租金共50余万元。另外，小百丈村集体每年还可获得安可文旅3%的收益。安可团队共租用了小百丈村15处农房约1500平方米，年租金每平方米50元。租用土地6300余平方米，年租金每平方米6元。租期20年，共涉及33户村民。村民通过房屋返租、资金入股、民宿经营等形式，实现收入增加，并带动了基础设施完善，村民共享发展成果。

（四）产业振兴带动文化振兴

安可乡村精品民宿主要由石屋乡宿、橘香野宿、沙滩休闲配套、山野休闲配套4个板块构成，其中石屋乡宿区为核心区域，位于小百丈水库西侧，一期建设租用石屋15栋，占地面积约1500平方米，新增石头辅房占地面积约250平方米，目前12栋石屋已开工，其余3栋等待交付。在打造安可乡村精品民宿的同时，安可乡建团队结合小百丈村马筋酒坊、越窑和张苍水铸炮所等遗址遗迹，与村、镇政府共同打造小百丈村的文化旅游产业，成为小百丈村的文旅产业运营商。安可乡建团队通过引入TNC等环境保护组织来保护水源地，探索减少农药和化肥的使用。同时，在村庄的建设中出谋划策，提供规划和设计咨询；借力乡村文旅周末剧场项目，为游客提供旅游体验活动，丰富村民精神文化生活；利用丰富资源，创建研学基地。与此同时，辅助中低端农家乐及民宿的建设运营，与当地特色农产品经济合作社、家庭农场联姻，做好农产品包装促销。

（五）就地取材助力环境变美

为进一步提升小百丈村的村容村貌、接待能力，干部、群众、投资商三方共商共议共落实，马筋酒坊、张苍水铸炮所等千年历史遗迹现已修复，交付安可文旅承包运营。目前，村旅游服务中心建成，100亩茶园已经重新被承包，小百丈村先后获评省市美丽宜居示范村和3A级景区村。在改善村居面貌、提升居住舒适感的同时，小百丈村把美丽庭院特色带创建积极融入乡村旅游建设。小百丈村以果香、花香、酒香、菜香为载体实施“香村计划”，并将村民自家盆栽一并纳入旅游小地图，让全村四季花香常溢。依托安可民宿，探索“美丽庭院+民宿”“美丽庭院+旅游”的模式，推进产业升级，由传统农业转变为农旅融合发展模式，从而带领村民走向共同富裕之路。

三、体会和思考

（一）乡村共富要盘活土地资源

土地资源是乡村共同富裕的基础性资源，盘活乡村闲置的土地与房屋，让土地及房屋产生裂变价值，是实现乡村共同富裕的重要路径。因此，在坚持土地性质不变，耕地红线不变，农民利益增加的前提下，要建立健全宅基地“三权分置”制度，深化农村宅基地制度改革，激活乡村沉睡资源，增加农民收入。要打破社会资本利用农村资源面临的制度壁垒，有效促进城乡资源要素双向流动，盘活农村存量建设用地、培育农村发展新动能。

（二）乡村共富要强化人才回归

乡村振兴，关键在人。当前，小百丈村从村里出去办企业、做老板、当专家的乡贤有15人，其他在外经营的有300余人。这些乡贤是宝贵的财富，拥有丰富的人脉资源，可以通过他们引进工商资本、项目。同时，也可以借智借力，抓住“安可乡建”在村里做项目的机会，聘请他们当乡村设计师，为村里做设计、做运营，提升村庄建设水平。

（三）乡村共富要改善人居环境

人居环境改善，是乡村共同富裕的重要内容，也是人民群众真切感受到的共富成果。小百丈村要继续实施美丽庭院创建行动，以美丽小庭院促进乡村大花园建设为目标，推进新时代美丽乡村建设。不断发动村民主动参与美丽庭院创建，继续通过入户宣传、会议宣讲等方式广泛开展宣传活动，进一步营造美丽庭院共建共享的良好氛围。继续加强垃圾分类工作，持续定期开展美丽庭院、垃圾分类等评比活动，将“点赞台”“曝光台”的功能发挥常态化，形成“比学做”的良好氛围。改善村居面貌，提升居住舒适感，提升村民幸福感。

（四）乡村共富要注重精神富足

乡村共富需要文化精神力量的支撑，要充分发挥图书阅览室的作用，不仅要采购柑橘种植、枇杷种植、杨梅种植等相关的图书，也要采购文体精神生活方面的书籍，供村民免费借阅。配备平板电脑、耳机等设备，有效利用有声书吧，提升村民的阅读体验。进一步发挥文化礼堂的作用，推动乡村文旅周末剧场项目建设，引进形式丰富的节目。维持本村文化志愿者队伍，针对村民文化需求，编排更多的文艺节目，使小百丈村群众文化事业更加繁荣，不断提高村民的文化素养。组织开展群众性文娱休闲活动，利用传统节日、地方民俗节日来丰富群众的精神文化生活，大力弘扬和传承中华优秀传统文化。继续组织开展群众性体育活动，激发村民参与体育运动的积极性。

第四节　黄公岙村景村联动促进共同富裕的案例分析

一、村庄概况

黄公岙村位于塘港东南侧，与象山影视城相毗邻，距离新桥高速临时收费站约 5 分钟车程，全村现有村民 606 户，2230 人，村域面积 2.69 平方千米，其中耕地面积 1854 亩，水田面积 1669 亩。象山影视城作为中国十大影视基地之一，是著名的国家4A级旅游景区。景区内山水相依，岩洞交错，风光无限，并以游客互动体验为中心，打造了中国首个实景电影主题数字乐园，独具风格，人气十足。背靠影视城，黄公岙村借助自身深厚的文化底蕴和便捷的交通优势，把发展乡村旅游作为实现共同富裕的重要着力点，不断推进象山影视城与乡村的联合发展，享有“宁波影视第一村”的称号。

20多年前，黄公岙村是一个产业结构单一、外部扶持力度不够、配套设施低端的经济薄弱村，村民经济收入主要依靠农业种植。近年来，黄公岙村依托象山影视城的辐射效应，积极挖掘乡村旅游资源，通过“景村联动”的发展模式，坚持创新求变，打造“以景带村、以村惠景、景村互赢”共富新标杆。

二、实践做法

黄公岙村紧邻象山影视城，村庄区位交通优越，山水资源丰富，人文底蕴深厚。近年来，黄公岙村一直坚持以影视城为引领，以民宿为引擎，走出了一条“影视引客、民宿留客、场景容客、环境悦客、文化润客”的景村联动共富之路。

（一）以影视引客，形成景村联动新格局

自象山影视城建成之后，黄公岙村一直将其视为可开发、可持续、可衍生的旅游产品来深度挖掘，走上了“影视艺术 + 民宿 + 特色文化街 +”的共富发展道路。黄公岙村充分利用影视基地的溢出红利，通过与影视剧组、影视公司、影视配套公司等对接，打造了民宿产业集聚区和特色餐饮一条街。出租闲置校舍创办演员培训学校，吸纳和培养优秀的演艺工作者，带动村集体经济快速增长（出租5年，年收益17万元）。为拓展影视产业的利益联结机制，黄公岙村引入著名导演“曹盾”团队，利用粮站建立“曹盾”工作室，建设了曹盾导演艺术展示厅，专业化呈现影视的制作过程，从而促使研学旅行、游戏人生等新型旅游业态的快速发展，拓宽旅游发展空间，赋能影视产业发展。

（二）以民宿留客，打造强村富民新载体

在黄公岙村发展的过程中，民宿产业作为撬动“影视＋旅游”的重要支撑点，在活化沉睡资源、完善配套设施，深化农村改革、助推经济增长等方面起着必不可少的作用。一方面，黄公岙村充分发挥自身独特的“自然＋人文”资源优势，依靠优越的地理位置，积极对接景区演艺团队、影视制作团队、影视配套公司、旅游公司等，促使民宿成为村民就地就业、致富增收的主要渠道。另一方面，黄公岙村民宿依托政府和市场的双向引导，明确低—中—高不同层次发展方向及营销策略，从原先的雷同性高、水平低的农家乐逐步提质升档，形成“有差异、有特色、有内涵”的民宿新集群，不仅为群演工作者提供价廉安全的“群租房”，同时也为中高端客户提供精品民宿，满足不同消费者的个性化需求。截至2021年，黄公岙村共建成民宿146家、精品民宿5间，50余家餐饮门店，其中拥有房间1846间、床位3655张。统一设计沿街商铺50个，实现年租金收益75万元，村集体经济逐渐壮大。在“民宿＋”的大力推动下，直接带动600余户村民就业增收，为黄公岙村激活乡村振兴、实现共同富裕注入了强劲的动力。

（三）以场景容客，塑造多产联动新局面

黄公岙村在发挥景区带动辐射效应的同时，也推动了乡村文化和乡村农业反哺影视产业。在“文化旅游＋影视”层面，黄公岙村不断擦亮红色文化“金字招牌”，积极修缮和保存山海楼旧址，并整理新桥镇各个时期的革命事迹，升级改造成中共象山工委纪念馆，打造了初心园、史迹展示厅、新时代讲堂、接待室等多功能展厅，全方位、全过程、全场景地展示新桥红色革命历史，充分发挥了红色文化的引流作用。同时，大力整合影视基地、影视学院、艺术展厅的综合服务中心等各项资源，串联成了集“习党史、感党恩、观影城、品艺术、享服务”于一体的“红色＋影视”精品旅游线路，自2021年山海楼开馆以来，已接待各单位主题党日活动12批次，共400余人。在农业方面，黄公岙村以“影视旅游＋农业”作为强村富民的重要动力，开发网红直播带货平台，实现了枇杷、柑橘、草莓等特色农产品提质增效。

（四）以环境悦客，创造生态富美新场景

村容整治是人居环境优化的基本保障，也是发展美丽乡村、促进共同富裕的关键要素。黄公岙村以“两村两线”建设为引领，大力推进村容村貌美化和“三清三美”行动，充分发挥“娘子志愿服务队伍”的模范作用，带头宣传、整治庭院、整改摊位、规范停车，促使人居环境质量提升。截至2021年年底，开展“清爽日”活动10次，整治问题庭院36户、卫生死角22处，开展整治乱摆摊联合行动5次，下发整改通知书16份，街面环境大有改善。黄公岙村与人民大学“小裤脚团队”合作，为村庄设计了40余个节点，在村内的能工巧匠和“影城娘子”的助力下，目前诞生了“水晶球剧场”“枇憩”“红影”“大家客厅”等5个节点，充分彰显影视村庄的艺术文化，同时，村庄面貌焕然一新。村容整治实现了影视城的内循环向外循环的转变，让村民、游客享受到更多景区红利，同时实现“处处观美景、时时见明星”。

（五）以文化润客，营造文化娱乐新氛围

精神共富是实现共同富裕的重要组成部分。为了更好地发挥村庄文化礼堂、公共会客厅、山海楼等公共文化服务场所的作用，黄公岙村积极组织开展具有特色的、村民喜闻乐见的文化娱乐休闲活动。2021年，在“小裤脚团队”的指导下，数十名“影城娘子”利用智治影城综合服务中心，开展废弃毛线变“新装”等美育课堂，促进村文化队伍的发展，推动村庄的精神文明建设。“影城娘子”同时也协助“小裤脚团队”，献良策、干实事，共同打造了集儿童游乐、村民健身、游客打卡于一体的“大家会客”厅，成为乡村精神文化建设的新载体。多次举办黄公岙农民文化节，借文化之力促振兴，形成精神共富新风尚。

三、体会和思考

（一）景村联动要再深化

以景村联动为抓手，迭代升级旅游产业，全方位地植入影视旅游功能，构

建“影视旅游＋农业”“影视旅游＋文化”“影视旅游＋民宿体验”新消费场景，将影视旅游作为黄公岙村的独有特色来打造。加强农产品种植培育，壮大龙头企业、农民合作社等新型集体经济主体，促使农业转型升级。积极盘活闲置土地资源，建设综合性休闲观光研学园区、游乐中心等项目，推动旅游新兴业态的不断衍生。深度挖掘历史、农耕文化，利用山海楼、“曹盾”工作室等著名节点，积极营造文化氛围，利用文旅融合聚集人气，增加知名度，形成黄公岙村新 IP。

（二）顶层设计要再强化

顶层设计和政策扶持是实现共同富裕的重要支撑。结合新桥镇“两线两村”创建总体规划，聚焦影视元素，打造“一轴三区一环一心四区”的旅游发展格局，即一个“慢行绿道”环，一个“幸福原乡”心，“村口印象、欢乐田园、智慧农业、休闲度假”4 个区。针对村民、剧组、游客的不同需求，细化功能性基础设施建设，合理配置停车场、休闲公园等。进一步加强共富政策宣传，引导村民参与村庄建设和监管，让权于民，促使村民由共同富裕示范村打造的“旁观者”向“参与者”转变，拧成发展合力。

（三）运营机制要再优化

借助宁波影视管委会，制定严格的行业规范制度，提高经营性企业、个体户准入门槛，加强民宿行业、餐饮行业、道具加工行业、影视学校等方面的管理。深化农村宅基地“三权分置”、农业农村投融资等涉农领域改革，加大全域土地综合整治、一户多宅整治等行动力度，整合闲置农房、办公楼、土地等村级资源，探索采取镇级统筹模式，将闲置资源以有偿方式归于镇级层面统一用于资本招商、物业租赁、节点打造等用途，依托平台招商、以商引商精心设计项目，拓宽以物业经济为主的村级集体经济来源。

（四）数字建设要再精细

依托“数智示范村庄”建设，强化信息网络硬件建设，实现5G、WiFi全覆盖，村庄主干道、公共场所等位置均装配智慧互联设备，重要事项、重要通知以及景区地图、特色景点、民宿美食等各种旅游信息实现时时展示，全面提升乡村治理能力与水平。积极推进智治影城建设，依托黄公岙智治影城综合服务中心，系统构建覆盖全域的影视行业智治体系，打造数字治理新样板，整合村民诚信指数、美丽庭院建设等积分管理制度，打造乡村数智治理新模式。

第五节　东旦村体旅融合促进共同富裕的案例分析

一、村庄概况

东旦村由东旦与王家兰撤并而成，三面环山、一面向海，现有人口661人、192户人家，自然禀赋优越，文化遗存丰富。拥有东旦运动休闲沙滩、渔船码头、房车基地等著名景观节点，形成了融“山、海、滩、礁”于一体的多维旅游空间。10年前，东旦村还是一个靠海吃海、靠山吃山的穷乡村，村集体收入不过20万元，村民主要从事渔业捕捞，是一个传统的小渔村。

近年来，东旦村在乡党委政府的领导和帮助下，按照“体旅融合、以体促旅”发展理念，通过“整合海洋资源、盘活闲置农房、培育多元产业”三大重要抓手，大力发展海洋运动、精品民宿、特色餐饮、文化创意等产业，逐步形成“运动+休闲+民宿”一体化联动格局。2018年4月，东旦村与东陈乡政府合作引入天海风（宁波）体育文化发展有限公司，对沙滩进行集中开发管理，打造华东地区首席时尚运动海滩，全方位激活东旦村沉睡资源。2020年12月，东旦村获评3A级景区村庄，借势借力，逐步将美丽资源变成了美丽经济，接待游客40余万人次，在长三角地区的知名度逐渐提高，成为自驾游的网红打卡胜地。

二、实践做法

（一）聚沙成金，时尚沙滩点燃共富火种

东旦村拥有长600余米、宽100余米的天然沙滩，气候温暖湿润，形成了独具特色的滨海风光。近些年来，随着大众旅游的兴起和全域旅游的推进，东旦村充分利用“沙滩、海浪、礁石、海岸长廊、绿山青水”等优质海洋生态资源，实施特色产业培育，打造时尚化运动海滩业态产品，开展“水上飞伞”“水上飞鱼”“HOBIE 休闲帆船”“T2 运动帆船”等项目。培育体育旅游精品路线和精品赛事，建设户外营地、汽车露营基地、加快体旅融合发展，延伸体旅产业链条，助力当地农民创收致富，消费规模显著扩大。另外，东旦村还聚焦年轻市场，植入网红元素，大力发展沙滩经济，推出乐队驻唱、沙滩音乐晚会、烟花秀等活动，邀请网红在腾讯、抖音等平台进行直播，成为象山县新晋网红打卡点，每天吸引游客近千人。

（二）资本注入，体旅融合开创共富新局

依托滨海资源禀赋和渔家文化，东旦村积极寻求社会资本参与沙滩资源的开发，2019年年初，东陈乡政府与天海风（宁波）体育文化发展有限公司成功签订了开发东旦沙滩建设项目的协议，打开了东旦村体旅融合发展的新局面。天海风（宁波）体育文化发展有限公司以构建“华东首席时尚运动海滩”为目标，总投资1500万元，成功建设开发外海运动区、内海休闲区、派对露营区、房车露营地等多个功能区。自2020年5月运营以来，东旦时尚运动海滩共接待游客27余万人次，经营性收入达560余万元。东旦时尚运动海滩致力于打造帆船品牌体育项目，开设帆船海上体验课、帆船学习课等，成功申报中国家庭帆船赛东旦站并举行多项大型活动，如东旦斯巴达帆船嘉年华、韵动金秋等，成为象山县唯一的“浙江省运动休闲旅游优秀项目”。作为象山县唯一一家以水上运动为特色的“运动休闲旅游专项基地”，东旦时尚运动沙滩在2020年被宁波市教育局列入第一批以海洋探索为主题的研学精品线路，带动了整个东旦村乃至周边地区的经济发展，提升了

东旦村村民的就业率。

（三）民宿集聚，滨海度假营造共富场景

东旦村在发展海洋体育的同时，大力发展乡村休闲旅游，将民宿发展与滨海旅游发展有机结合起来，推动运动休闲与民宿产业的“跨界合作”。随着大批游客的到访，村民先后用自家房屋建设经营农家乐和农家客栈，实现了在家门口就业致富。目前，村内共有民宿 43 家，其中金宿级 1 家，银宿级 1 家，床位 639 张，餐饮 35 家，可容纳就餐人数 1100 余人，户收入 10 万 ~ 20 万元，村集体年经营性收入 100 余万元，民宿经济已成为东旦村村民和村集体的主要经济收入来源。东旦村还引进了逆光、栖象纪等著名民宿，打造了一个集海洋体育、乡村旅游、滨海研学、文化养生、特色餐饮、商务会议、休闲度假等于一体的民宿集聚度假区，形成具有海洋文化、渔文化特色和浓郁本土文化气息的旅游综合体，并辐射带动镇域旅游快速发展。

（四）活动赋能，抢抓亚运体育市场红利

东旦村抢抓亚运之机遇，不断放大亚运的红利，推出“帆船公益大讲堂”“海滩啤酒音乐节”“乘风破浪的哥哥姐姐”帆船嘉年华等特色宣传活动，2022 年 6 月在东旦时尚运动海滩举行了“周末嗨象山”发布会，8 月举办了“乘风破浪的哥哥姐姐”第二届东旦海滩帆船嘉年华，借助“蓝色引擎”激活文旅转换新动能，不断打响“向东是大海、东旦等你嗨”的文旅新品牌。同时，借助大数据、人工智能等数字化平台，构建集信息收集、数据统计、分析预警于一体的“互联网 + 监测”联动发展模式，将线下服务提档升级为“指尖上的智慧服务”。

（五）环境美化，打造最美东海风景岸线

东旦村依托当地良好的滨海资源和区位优势，大力实施村庄环境美化、环境亮化工程，为打造东旦时尚运动沙滩休闲综合体创造了有利的条件。目前，东旦

村在乡党委政府的支持下，通过各方资金筹措，累计投入500余万元，先后建起占地约20亩的湿地公园和入口公园，对全村道路进行“白改黑”、线路进行“上改下”，不断美化乡村的旅游环境。全面推行“两定四分”垃圾分类模式，形成垃圾分类投放、分类收集、分类运输及分类治理的管理和运行体系；改造旅游公厕、增设生态停车场、标识系统等，有效地提升了东旦村旅游公共服务质量；另外，在沙滩露营地设置服务中心、帐篷露营区、滨海烧烤区、舞台派对区、房车露营地、餐厅、音乐酒吧、运动超市、淋浴房、卫生间等设施，水、电、通信、网络等设备，以点带面、串连成线，全方位补齐东旦时尚运动沙滩的短板，极大地提升了村庄的颜值，形成了最美东海岸风景线。

三、体会与思考

（一）进一步构筑体旅新IP，为资源插上飞翔的翅膀

海洋体育是东旦村乡村旅游发展的一张重要“金名片”，是体旅融合发展的独特符号。围绕象山北纬30°最美海岸线、东旦时尚运动沙滩等特色景观，在天海风（宁波）体育文化发展有限公司与宁波建设工程学校签订“帆船特色学校技术合作协议”、水上运动人才培养“校企战略合作框架协议”的基础上，继续在技术服务资源共享、实习实践基地建设、人才培养、科技成果转化等方面建立全方位合作关系，全面升级体旅融合消费的新场景、新业态、新模式。此外，与宁波大学、宁波华贸外国语学校、宁波诺丁汉大学等学校共建培训基地，吸引宁波市内外的学生到东旦村旅行，引导消费回流，助推体旅融合发展提质增效。

（二）进一步升级配套设施，为美丽沙滩解锁共富密码

进一步加强对停车场、旅游厕所、游客服务中心、运动补给站、垃圾分类岗亭、乘风景观阳台等场所的改造升级，尤其是东旦时尚运动海滩、美丽海岸线沿线等场所公共设施的改造；落实常态化管理机制，定期开展森林养护、水污染防治、乱填乱挖整治等工作，对标进行路面、桥梁管护，保证沿线路灯、护栏、标

识系统等设施干净整洁，风格统一，彰显特色，为实现乡村环境改善奠定坚实的基础。

（三）进一步提升公共文化，在共同富裕中实现精神富有

精神共富是共同富裕示范村打造的重要内容。切实发挥村庄文化礼堂、乡村会客厅、乡村图书馆、村史馆等公共文化服务场所的作用，积极组织开展具有东旦村特色的、村民喜闻乐见的文化娱乐休闲活动。彰显海洋体育优势，打造东旦村“15 分钟健身圈”，在共同富裕中实现精神富有。

第六节　龙屿村乡贤回归促进共同富裕的案例分析

一、村庄概况

龙屿村为黄避岙乡政府驻地，位于象山港大桥南岸，距离宁波市中心48千米，距县城 18 千米，距甬台温高速连接线象山北出口 3 千米。象山港大桥的开通，全面改变了龙屿村的交通格局，使其从“交通末端”变成了“战略桥头堡”。龙屿村现有 654 户人家、1844 人，村域面积 5.48 平方千米，山林面积 5251 亩，耕地面积 1802 亩，其中茭白种植面积 310 亩，海塘养殖面积 120 亩。龙屿村交通便利，山上有茶厂，山下有农场，海上有渔场，资源禀赋良好，历史底蕴深厚，乡贤文化特色明显。龙屿村先后获评省 3A 级景区村、市级美丽乡村示范村、市级生态村、市级民主法治示范村、2021 年中国最美村镇治理有效成就奖等 32 项荣誉，并列为宁波市新乡贤助推乡村振兴工作推进会现场考察点。

近年来，龙屿村围绕产业发展滞后、农民致富渠道单一、村集体经济薄弱等现实困境，积极挖掘乡贤资源，发挥乡贤在产业引领、乡村振兴、共同富裕、乡村治理等方面中的作用，以发展乡村旅游为战略突破口，走出了一条“旅游蝶变

乡村、乡贤助力共富”的“龙屿模式”，探索了一条乡贤助力传统“美丽乡村”向“富裕乡村”的蝶变之路。

二、实践做法

龙屿村自古以来人杰地灵、人才辈出，村里拥有县级以上人大代表30余名，以及副局级以上干部20余名。牛津大学、纽约学府、加利福尼亚大学等世界一流大学，复旦大学、浙江大学、中国人民大学等国内一流大学都有龙屿学子的身影。乡贤文化是龙屿村的一个特色，是龙屿村发展不可或缺的重要助推力量，乡贤植根于乡愁沃土，贤聚合力黏合共富情结，为龙屿的产业重构、乡村振兴及共同富裕献智献策，成为龙屿村产业发展的领航员、政策进村的引导员、村企合作的联络员、文化传承的传播员、村庄治理的协调员。

（一）出谋划策，做产业发展的领航员

2017年之前，龙屿村基本没有产业，村集体经济收入主要来自鱼塘租赁及毛竹生产，村集体经济规模在40万元左右，村民经济收入主要靠农业种植及毛竹种植。龙屿村充分发挥乡贤的力量，邀请乡贤参与乡村振兴、产业发展研讨会，通过乡贤献智，村民支持，村委集思广益，果断提出培育乡村旅游产业。由村集体投资400万元，总体投资1200万元，建设了玻璃栈道、七彩滑道、空中漂流、登山步道、龙屿八景、张家新屋、农家乐等项目，申报省级3A级旅游景区，为龙屿村的乡村旅游发展定调、定向。通过发展旅游产业，龙屿村实现了产业重构与产业变革，带动了村集体经济的跨越式增长。2019年村集体经济收入突破了130万元，2020年村集体经济突破了250万元，2021年和2022年虽受疫情影响集体经济有所下滑，但是整体维持在160万元左右。

（二）招智引策，做政策进村的引导员

在龙屿村发展的过程中，国家政策起着杠杆撬动功能，而乡贤在政策衔接、

政策利用、政策进村过程中起着桥梁作用。对村级层面而言，村委会由于信息的闭塞，缺乏对国家政策的敏感性，往往错失国家政策扶持的机会。而龙屿村的一些乡贤分布在不同的行业、部门与岗位，有对国家政策的敏感性优势，能够及时地汇聚力量，积极对接市、县两级农业农村局、文化旅游局、自然资源局等相关部门，协助申报各类民生工程、创建工程、示范工程。乡贤协助黄避岙乡党委、龙屿村村委，充分挖掘龙屿村的资源特色与优势条件，先后创建了省3A级景区村、市级美丽乡村示范、市全域乡村旅游示范区。2016—2019年，龙屿村先后获得各种省、市、县及本级政策资金1000余万元，特别是市全域乡村旅游示范区的创建为龙屿村争取了100万元的创建资金。财政资金及各类创建资金扶持，为龙屿村的乡村产业变革、乡村振兴及共同富裕示范村创建产生了巨大的推动作用。

（三）招商引资，做村企合作的联络员

资金是乡村产业发展促进共同富裕的关键要素，也是项目建设投资、公共基础设施投资的基本保障。龙屿村的乡贤除引导村委会积极利用政策资金外，还充分利用自身社会关系网络，积极推动乡贤捐赠集资。几年来，乡贤先后捐赠了300万元资金。村委会以村里400万元的原始存款为依托，结合乡贤捐赠的资金，筹集了1200余万元用于旅游项目建设投资。与此同时，乡贤积极嫁接社会资本，搭建社会资本进村的桥梁，推动村企合作。以宁波象山龙屿旅游开发有限公司为平台，协助引入宁波夏雨雨人文化传媒有限公司，作为专业运营团队，通过“村集体+企业”“村干部+职业经理人”的管理模式，实现了乡村旅游景区的市场化运营。龙屿乡贤协助村委多渠道筹集资金，促进资源与资本的完美结合，实现了资本与资源的价值裂变。为了促进乡村专业化运营，积极引进优秀社会资本与运营团队，全面盘活山、水、田、闲置农房等资源，将资本、资源与发展全域旅游相结合，突出高标准站位，实现了龙屿闲置资源向景点景区建设的转变。

（四）凝聚精神，做文化传承的广播员

龙屿乡贤在振兴产业的同时，也在“激活”龙屿的传统文化与乡贤文化。从

文化角度而言，乡贤回馈龙屿有良好的传统，早在 20 世纪 90 年代，乡贤便组织成立了龙屿村业余文艺团体——知音艺社，并创办了《知音文苑》月报。当前，龙屿村先后建设了乡贤文化长廊，并组建了以乡贤为核心的“知音社”；积极挖掘龙屿传统文化及私塾文化，开展农民文化节庆活动，出版了《云谷清音》诗集，组织村民编纂出版了《龙屿村志》；建设了林爱国铁艺馆，让老手艺与新艺术完美融合，成为龙屿村一抹亮丽的文化色彩。龙屿村初步构建了乡贤文化、传统文化、民俗文化互动发展格局。一些退休的乡贤积极争做文化进村、文艺汇演的组织员、义务讲解的导游员和传播员；乡贤在助力传承与保护传统文化的同时，以文化人厚德乡里，播撒新风，为乡村振兴及共同富裕凝神聚力。

（五）参事议事，做村庄治理的协调员

为了更好地发挥乡贤的参事议事作用，在知音艺社的基础上，2015 年 10 月，龙屿村以“村民说事”为依托，吸纳 32 名乡贤建立了龙屿乡贤参事会。乡贤参事会是龙屿乡贤参事议事的民间平台、情感纽带与战略智库。乡贤围绕村班子建设、村庄发展、乡村旅游等内容，建睿智之言、献务实之策，开展关于反哺故里、社会治理、乡风引领等群贤行动，累计为村民办理实事 160 余件，帮助谋划发展思路 80 余条。乡贤参事会积极推动家风、民风、村风、乡风建设，从而汇成共富新风，形成了破除陈旧陋习、婚事新办、丧事简办的文明新风尚。龙屿村在 2021 年获评中国最美村镇治理有效成就奖，成为宁波市唯一获此殊荣的乡村。

三、体会和思考

浙江省第十四届委员会第九次全体（扩大）会议指出：共同富裕是实现人的全面发展和社会全面进步的一场深刻社会变革，是全面建成小康社会后的一种更高级的社会形态。共同富裕美好社会是中国特色社会主义迈向更高阶段的社会形态，是充满生机活力的阶梯式递进、渐进式发展的过程，是从低层次共同富裕向高层次共同富裕跃升的过程，是从局部共同富裕到整体共同富裕拓展的过程。

乡村是共同富裕的基本单位，在实现乡村共富的过程中，应发挥“党组织 + 乡贤”的战斗堡垒作用、产业融合的带动作用、分配机制的规范作用、乡村文化的凝聚作用，着力缩小村民收入差距，高质量实施乡村振兴战略，让人民群众共享共富发展成果。

（一）实现共富需进一步发挥“党组织 + 乡贤”的引领作用

基层党组织是实现乡村共同富裕的领导核心与组织力量，是龙屿村发展的舵手与“主心骨”。龙屿村积极发挥基层党组织的战斗堡垒作用，以党建为引领，积极推进“三治融合”“书记账本”等自治模式，引领共富发展航向。乡贤是中华优秀传统文化重要组成部分，对龙屿村的产业发展、乡村文明、乡村治理有着特殊作用。要进一步挖掘乡贤资源，弘扬乡贤文化，为推动乡村振兴提供精神动力和文化营养，助力农村产业共兴、文化共荣、农民共富。

（二）实现共富需进一步发挥“旅游 + 产业”的融合作用

乡村共富的基础在于产业，产业兴、乡村便兴，产业强、乡村便富。龙屿村的乡村旅游已经起势，但以旅游为主导的产业结构相对单一、产业规模相对较小。龙屿共同富裕示范村的创建，要进一步优化旅游产业结构，加大旅游与农业、旅游与文化、旅游与渔业及相关产业的融合发展，形成以龙屿村为核心的乡村产业集聚区；要创新产品形式，加快荷花池项目投资与建设，形成以乡村娱乐、休闲为主体，乡村文化体验、乡村旅游度假为特色的产品体系；要加大农业旅游、山地运动旅游的开发与建设，形成多产融合、多元互动的发展格局。

（三）实现共富需进一步发挥二次分配的协调作用

共同富裕的特征体现在产业兴、集体强、村民富。当前龙屿村的旅游经济发展势头良好，村集体经济实现倍速增长，而在发展成果的分配上、村民增收的渠道上、村民参与旅游的广泛性上存在一定的欠缺。要构建公平性、包容性的分配机制，要积极探索以集体投资为主，村民资金、房屋、土地入股等投资模式，同时以此为基础，探索村民以工资、薪酬、股权、奖金为形式的多样化分配机制。以参与管理、农家乐经营、文化表演、农产品深加工、农产品销售、旅游直播带货等形式，拓展村民参与旅游渠道，拓宽村民增收的路径。要先富帮扶后富，带动低收入农户，确保低收入农户的年收入实现增长。

（四）实现共富需进一步发挥文化品牌的聚力作用

乡村文化是乡村共同富裕的精神力量，也是乡村充满活力的润滑剂。乡村共同富裕不仅体现在经济的富裕上，更要体现在精神及文化的富足上。龙屿村的乡村文化已经形成一定的基础与氛围，但在乡村文化符号化构建及品牌化打造方面仍需发力。要进一步挖掘龙屿村底蕴深厚的私塾文化、个性鲜明的龙文化、种类丰富的民俗文化，通过私塾文化研学、龙文化演艺、民俗文化展演、名人文化交流，形成具有龙屿村特质的文化 IP 符号，让文化成为龙屿村最亮丽的新名片。

第七节　白岩下村村民众筹促进共同富裕的案例分析

一、村庄概况

白岩下村地处象山县茅洋乡西南部，东邻下缸厂村，南靠兴坑村，西接文洋村，现有农户 349 户，常住人口 1137 人，田园风光优美，人文古迹富集，与宋韵文化有着千丝万缕的关系。近年来，随着全域旅游的兴起，白岩下村秉承“绿水青山就是金山银山”的理念，依托白岩山仙岩风景区，共商筹智、共建筹资、共管筹治、共享筹心，率先推行村集体入股、村民众筹、公司运营的乡村旅游项目开发模式，成为远近闻名的乡村旅游网红打卡地，被评为象山县精品村、浙江省 3A 级景区村，并于 2020 年入选第十批浙江省生态文明教育基地。

二、实践做法

（一）资金众筹，村民变股民

20世纪七八十年代，白岩下村曾是远近闻名的“养猪村”，将近2/3的家庭以养猪为生。后来养猪场因为环境问题关闭，而后村民经济收入主要靠农业种植，村民逐渐外出打工，农村“空心化”严重。2015年以后，随着全域旅游发展，白岩下村充分发挥自身优越的自然禀赋，紧紧围绕茅洋乡的“山、田、海、水”四大主题乐园的发展规划，探索出“众筹+资金”的创新发展新模式。2017年年初，村党支部通过向村民众筹资金，吸引250户村民参与入股，众筹资金达200余万元。依托茅洋乡旅游运营团队（象山县蟹钳港旅游发展有限公司），合力搭建村企交流协同平台，积极探索“村企共管”发展模式，建造了能将蟹钳港美景尽收眼底、恍如“天空之境”的海边高空玻璃栈道，游客纷至沓来，迅速收回成本，村集体实际增收80万元，掘得“第一桶金”。此后，剩余300户全部参与众筹开发二期滑道项目，修建停车场、游客接待中心、旅游公厕等配套设施。自2018年6月运营以来，实现景区门票收入近2000万元，村集体累计收入达840万元，户均分红2.2万元，同时带动全村直接就业人员数百人。白岩下村村民众筹赋能乡村旅游发展，蹚出了共同富裕的新路子。

（二）资源入股，资源变资产

白岩下村在网红玻璃栈道运营成功之后，继续深化“集体经济+村民众筹”发展路径，利用乡村田园风光的优势，不断提升美丽乡村的附加值，进一步向村民众筹资产，让农民以闲置农田为资本进行入股，全力推进大地景观、玉米迷宫、色彩水稻等新建旅游项目，加强提升玻璃栈道、玻璃滑道等重点旅游项目，打造出集乐享生态、康养度假、运动休闲、乡村研学于一体的乡村旅游产品。进一步提升村庄的整体形象，彰显“山海皆景区、处处皆景点”的乡村旅游特色，构建具有沿海特色的风景旅游带，着力打造乡村旅游新品牌。白岩下村的成功模式进一步激活了茅洋乡全域旅游，成为象山县乡村振兴改革创新的优秀案例，并获《焦点访谈》深度报道，成为乡村旅游撬动乡村振兴的样板案例。

（三）村民创业，民房变民宿

白岩下村的民宿产业起步虽晚，但发展较快，逐步成为村民创业的载体和乡村旅游的重要业态。随着玻璃栈道、水上漂流等网红景点的爆火，白岩下村的游客与日俱增，村民积极把民房变成民宿，注重精品民宿建设运营，把网红流量变“留量”，民宿产业逐步壮大。白岩下村积极盘活闲置资源，成功打造“朴舍民家”“老舍边”“雅舍”等一批精品民宿，拥有省等级民宿金宿级 1 家，特色精品民宿 12 家，带动当地村民 80 余人就业，民宿产业集聚化发展格局初步形成。白岩下村以全域旅游为抓手，紧抓旅游市场复苏的机遇，创建一批星级品牌民宿，优化完善吃住游行一体化项目套餐，实现了乡村旅游民宿产业提质增效。

（四）人才聚集，青年变创客

大学生是知识的载体，为更好地开启白岩下村共富之门，就要用好“人才”钥匙。随着玻璃栈道、水上漂流的持续爆火，为白岩下村带来了丰厚人源和滚滚财源。更多的大学生、投资者、有为青年、新乡贤、农创客等积极考察白岩下村，并留下创业，白岩下村逐渐成为创客的聚集地、青春的汇聚地、创业的沃土、生活的乐土。同时，为了拓展白岩下农产品加工和文旅休闲、养生养老等相关衍生产业，走“扩中提低”道路，镇政府持续加大强农、惠农、富农力度，保持农民收入持续较快增长，积极壮大新型村级集体经济，不断激发农村内生动力。

（五）文化升级，村风变宋风

自 2020 年以来，白岩下村在象山环蟹钳港共富样板区建设的带动下，乡党委、政府紧紧围绕“宋风雅韵、山海和谐”的目标定位，认真落实白岩下村“宋韵共富村”创建的各项工作任务。委托专业公司对白岩下村进行整体规划，多次赴实地进行勘察和研究，基于白岩下村建筑布局和建筑风格，以生态山水为导向、以众筹运营为引擎、以宋韵文化为载体，联动周边发展资源，立足“两轴四片”的核心思想，构建出“一园、两心、六组团、一环、三门、多节点”的规划方案，打造集山水生态休闲、民俗文化体验、乡村精品民宿、创意田园娱乐于一体的山海田园新场景，并确定美丽乡村精品线、生态融合休闲线、宋韵文化游览线“一主两次”3 条精品线路。

三、体会与思考

（一）乡村旅游市场拓展需要专业化运营

专业化运营是乡村旅游成功的重要保障。专业化的运营团队能够有效促进资源与客源的衔接、资源与资本的衔接。白岩下村通过众筹实现了资源盘活，依托茅洋乡旅游运营团队（象山县蟹钳港旅游发展有限公司），着力搭建村企交流协同平台，进行差异化的市场布局，扩宽营销渠道，进行旅游线路开发、景区引流、农旅产品特色包装销售，为民宿提供经营性政策引导和技术支持等服务，提升了乡村的经营质量。

（二）乡村旅游产品升级需要挖掘新 IP

立足“宋风雅韵、山海和谐”村域特色，加快推进基础设施、景观、招商项目等建设内容，通过村域村貌的整体提升、文旅项目的改造升级，不断壮大乡村主导产业，塑造乡村主体风貌，大力推进“隐逸乡居、宋韵漫村、杏落清秋、泉眼细流、小桥流水、伞影红妆、灯花流影、朴影梅园、诗酒茶苑、梦回宋朝、白岩书房”11 个具体项目，充分彰显生态、人文之美，努力打造成彰显宋韵文化的美丽乡村。开发宋韵小村文化研学、田园康养、古村落剧本杀等一系列乡村文旅产品，优先抢占“宋韵小镇”文旅新 IP，使白岩下村更有“精气神”。

（三）乡村旅游体验升级需要营造新场景

充分利用村内破败的宅基地空间，打造集休闲茶饮、古风文创、图文阅览于一体的 24 小时智慧众阅空间——“白岩书房”，实现游客与村民共享文化空间。利用村文化礼堂和乡村会客厅等公共文化空间，积极组织开展文化娱乐休闲活动。深入挖掘乡土文化，精心组织各类农民节庆活动，积极开展群众歌咏、戏剧曲艺、民间艺术等农村文化体育活动，吸引村民参与，增进村民对自身乡土文化的认知与理解，促使乡村优秀传统文化得以传承和弘扬。

（四）乡村旅游管理升级需要构建新机制

实施乡贤回归、大学生返乡工程，充分吸纳大学生、村民、志愿者、社会力量积极参与美丽乡村建设中，共同加快“美丽经济”发展，推动共同富裕把脉问诊、建言献策。让村民在决策上当好参谋员，在建设中当好助推员，在运行中当好监督员和宣传员。健全完善“村企合作”运营模式，全面推进景区安全管理工作。组织完善景区安全等级提升专项行动，招引第三方景区物业管理公司和安全咨询有限公司进驻蟹钳港景区，围绕景区安保、景区重要节点项目实施、景区环境卫生管理等重要环节进行日常管理和安全隐患排查。

第八节　墩岙村党建引领促进共同富裕的案例分析

一、村庄概况

墩岙村地处象山县西南部，原名丁岙。自宋代建村，至今已有 800 多年历史。全村区域面积 5.5 平方千米，现有农户 345 户，常住人口 1168 人，下辖 11

个村民小组。截至2022年年底，全村有精品民宿14家，房间104间，床位192张，村集体经济收入达200万元。先后荣获中国美丽休闲乡村、全国示范型退役军人服务站、省美丽乡村特色精品村、省美丽宜居示范村、省3A级景区村、省农家乐集聚村、省民主法治示范村、省善治示范村等90余项荣誉。

近年来，墩岙村践行“绿色青山就是金山银山”理念，紧扣“潮隐西海岸、共富样板区”发展主题，以北纬30°最美海岸线为引领，坚持“山海协动、齐美共富”的总方针，充分发挥“海山一色、美丽港湾”资源优势，从党建、环境、产业、治理4个维度联创联建，协同打造产业群、风韵带、健康圈、治理图4个共富样板场景，形成共同富裕组团化发展格局，为宁波高质量推进共同富裕提供可复制、可推广的“象山典型”和“墩岙样板”。

二、实践做法

（一）组织引领，当好共富“领头羊”

在20世纪末，墩岙村人均年收入只有3600元，是四洲头镇经济落后村之一，如今的墩岙村人均年收入超过36 000元，其得益于探索构建党建统领先富带后富的机制和路径。首先，领导班子得力。村支部书记鲍英钱充分发挥军人风格，积极配齐支部班子，为村庄发展谋出路。带领村民先后新建了综合办公大楼、创建了象山县农村党员服务中心、成立了临港水产养殖专业合作社等，当好发展的“领头羊”。其次，规范组织运营，全面健全党支部、村委会、经济合作社、村民代表大会等各项工作制度，完善重大事项议事规则，健全党务、村务、财务公开制度，规范基层组织管理与运营。最后，组建党建联盟，推动党的组织优势转化为发展优势，通过产业共营、品牌共育、市场共拓等发展模式，提高基层党建扎根固盘能力。

（二）生态引领，营造乡村“桃花源”

2011年，墩岙村千方百计筹措资金，投资200万元，完成了安居房改造、果蔬市场兴建、溪坑整治、村道建设、电网改造等11项民生工程。2012年，投资 800 余万元，开展南湖水库整治、围湖休闲公园、水环境治理、民房外墙立面改造、环村路接线五大重点工程，积极创建市级小康示范村、市欠发达地区村庄整治建设提升村；实施梳理式改造、外立面改造、道路硬化、村庄绿化、围墙整治、增设景观路灯六大提升工程。几年的时间，村庄梳理式改造、南湖水库整治、生态河道治理、环村路接线、文化礼堂、登山步道等 70 余个建设项目相继完成，薄弱村蜕变成明星村、示范村；以“两村两线”建设为引领，以未来乡村建设为方向，探索灵南片区组团式联动发展模式，建设“山海风貌、田园风光、海岸风情”的乡村示范窗口，全力打造环蟹钳港区域最美乡村生活图景。

（三）发展引领，打造富民“产业群”

吸引乡贤回归，鼓励乡贤开展民宿经营，通过合作社、企业、农户三方联合成立村企共富联盟，通过“公司+农户”的运作模式，实现了村民在家门口有事做、有活干、有钱赚，当前村庄有 20% 的村民在从事民宿经营；先后投入 200 余万元，积极开发 3000 亩生态农业基地、水果采摘园、滩涂乐园等，丰富旅游业态；推动“民宿、民食、民游”巧妙融合，建设以田园观光、民俗体验、旅游活动等为主要内容的 1 日和 2 日游线路；以旅居康养为主题定位，迭代升级旅游产业，利用“山林 + 海塘 + 田园”的独特自然资源优势，构建民宿旅居、农趣休闲、非遗体验等多种“民宿 +”新消费场景，全力推动乡村旅游由“吃两餐住一宿”向“玩三天住两宿”的模式转变，形成“一轴三区”的旅游发展格局。如今的墩岙村集体经济从不足 6000 元到突破 200 万元。

（四）机制引领，描绘现代“治理图”

探索实施“家乡资源 + 乡贤资金”融合发展模式，打造“乡贤说事”献策平台，发挥新乡贤智囊团优势，对于“村事”发展难点既要开会说，更要现场说、线上说；探索片区矛盾调解新模式，在墩岙村率先建立“灵南调解工作室”，由村党员干部、退休干部参与村民矛盾纠纷调解，“有事儿找村干部”成为村民化解矛盾的钥匙；挂牌成立了全县首个片区组团化调解工作室，新形成了以“村民说事”为亮点的“四治融合”现代化乡村治理模式，并成为2019年全国加强乡村治理体系建设工作会议现场考察点之一；坚持“富口袋”与“富脑袋”一起抓，建立“数字化诚信积分”制度，诚信积分可以在合作双方的旅游产品、农产品、特色商品等中进行通兑，同时，每年共同表彰一批共同富裕先锋人物，为共同打造美好富裕示范村提供精神动力。

（五）市场引领，扩大旅游“朋友圈”

通过“引进来、走出去”的方式，与长三角周边城市社区结对建立共同富裕村社合作单位，对接城区消费需求，开发小程序、客户端等数字载体，在线呈现民宿旅居、农趣休闲、非遗体验等多种“民宿+”新消费场景，引导游客流向乡村、留在乡村；聚焦数字赋能乡村旅游，设计“畅游墩岙”小程序，围绕“吃住行游购娱”六要素，全面汇聚旅游资源信息和公共服务信息，重点完成共富民宿、共富产业等模块的开发，内容涵盖周边30分钟景区搜索、民宿预定、产品购买、交通导览等功能，并对民宿管理服务收费形成制度化保障；拓展“民宿+”产业利益联结机制，向所有合作单位实时派送墩岙村民宿资源、旅游产品和活动信息，开通“共同富裕直通车”线路并建立长期合作关系，不断扩大线上共富“朋友圈”，构建第一、第二、第三产业协同推进的美丽经济生态链；聚焦乡村振兴培训经济，依托全国加强乡村治理体系建设工作会议现场考察点优势，探索发展乡村振兴人才培训项目，与腾讯公司“耕耘者计划”等平台以及省、市、县党校开展深度合作，全面开展乡村治理相关教育培训，逐步健全研学培训促共富机制。

三、体会与思考

（一）完善基础设施是实现乡村共同富裕的根本前提

基础设施是提高居民生活质量与游客游览质量的保障。要结合美丽乡村、“三清三美”等工作，对闲置场地进行节点建设，进一步完善登山步道，对村庄整体环境再次提升。要加快建设旅游综合会议中心、乡村治理学院项目，打造集文旅体验、会议培训、休闲娱乐、团队拓展等功能于一体的数字文旅综合体。

（二）创新旅游业态是实现乡村共同富裕的重要动能

要发挥墩岙村的养殖塘优势，挖掘渔文化项目，依托本地丰富的水产、农产品资源，举办蛏子节、杨梅节、桃形李节等各类旅游节庆活动，同时积极尝试农渔业体验项目。建设乡村治理展示中心、未来乡村沙盘、专业培训教室、农村休闲书吧等主体项目。依托村口农田，“打造风吹稻浪，乡约未来”农旅体验项目，建设水稻研学基地、小火车体验等新消费场景。

（三）数字改革赋能是实现乡村共同富裕的持续动力

继续擦亮墩岙村“中国美丽休闲乡村”“浙江省新时代美丽乡村精品村”名片，深化环境整治提升工程，着力做好巩固提升、扩面提质、全员参与三篇文章。全面构建未来乡村“九大场景”，完成共富党建、共富产业、共富民宿、共富治理、共富健康五大模块上线运行，重点推进庭院、田园、山体美化提升，探索村民数字化“垃圾分类”诚信评价机制，实现美丽环境的外循环向内循环的转变，让村民和游客享受更多的生态红利，为“海上两山”转化奠定扎实的基础。

第六章　乡村旅游高质量发展促进共同富裕的象山路径

第一节　党建铸魂，构筑基层战斗堡垒

（1）发挥战斗堡垒作用。要充分发挥基层党组织的战斗堡垒作用，向上争取乡村发展政策，向下解决乡村社区难题。创新党建链引领产业链、工作链、服务链、技术链模式，推进基层党建与乡村共同富裕同频共振、融合发展。要强化基层党支部的“决策中枢”“政治中枢”作用，推进基层党支部的标准化、规范化建设，使基层党组织成为经济发展、社会服务、清正廉洁的战斗堡垒，让政治优势、组织优势转化为基层治理优势、发展优势。

（2）抓住关键少数。在党建引领的过程中，基层组织“一把手”是乡村共同富裕及乡村治理的引领者、组织者、实施者与示范者。特别是“一肩挑之后”，村书记起着决策执行、精神凝聚、道德示范、自我践行的表率作用。乡村共同富裕要抓住“关键少数”，严格落实“一岗双责”制，发挥好“关键少数”的“领头羊”作用；要强化“能人”治理、“精英”治理，推动基层干部的“年轻化”，以“年轻”干部的新思想与新思维激活组织创新，推动乡村发展思想、发展理念、发展模式变革。

（3）构建党建联盟。结合当前乡村存在资源分散、丰度不够、各自为战的现实问题，在区域范围内，鼓励地域相邻、资源相近、产业互补、优势各异的乡

村建立党建联盟。以党建联盟为基础，通过基层党组织的深度合作、党员示范引领，推动区域乡村旅游资源共享、客源共享、信息共享、经验互借。通过深度合作，促进土地资源的流转与整合，实现土地资源规模化聚集，土地产值增加；通过党建示范引领、基层力量凝聚，促进乡村资源与政策及资本的衔接，进而让农民享受国家政策红利。

（4）注重干部轮换。乡村干部队伍轮换是乡村共同富裕可持续发展不可忽视的因素。首先，要紧盯干部队伍梯度轮换，强化“老、中、青”队伍的搭配，形成年龄结构、技术结构合理的队伍；其次，要通过组织推荐、个人自荐、村民选举等方式，从年轻党员、致富能手、社区精英、退伍军人、大学毕业生等青年群体中吸收“新鲜血液”，确保储备干部的质量与素质；最后，要建立“传帮带”机制，建立乡村“干部传承、有序接替、导师帮带”的良性更替机制，提高“雏鹰”解决“疑难杂症”的素质与能力，从而确保乡村旅游发展思路、发展方向的延续性。部分村庄党建引领举措如表 6–1 所示。

表 6–1　部分村庄党建引领举措

村庄名称	具体措施
新鹤村	提高村领导班子的凝聚力和带动力，发挥基层党员的“关键少数”的“领头羊”作用；强化景村党建联盟，与半边山景区的运营方象山旅投公司联合，构建基于组织合作、景村融合、品牌共建的党建联盟，推动党的组织优势转化为发展优势
舫前村	以新组建村领导班子为核心，增强基础党组织的理论引领力、政治动员力，引领居民广泛参与村集体事务，通过社区的广泛参与、党群合作、党群联动，全面提升基础党组织的战斗力、凝聚力和发展力
儒雅洋村	积极为基础党组织注入新鲜血液，促进基础干部的年轻化，积极从致富能手、退伍军人和年轻大学生等青年群体中选取储备干部，增强村基础党组织的活力与战斗力
墩岙村	保持村委会基础班子核心成员的稳定性，未雨绸缪地建立优秀干部传承机制、有序更替机制，促进村委思路与政策的延续性，防止政策执行偏颇

第二节　产业升级，培育新型集体经济

（1）集体经济模式升级。新型集体经济脱胎于农村集体经济转型之中，具有

集体经济的属性，又有市场经济的特征，其打破了对乡村生产要素在内部流动性方面的瓶颈，具有灵活的市场适应能力。探索引入现代企业股份制度，鼓励各类乡村旅游主体通过土地经营权、林权、设施设备等入股，促进资产联合、土地联合、技术联合、经营管理联合；探索"村集体经济＋旅游公司""村集体＋农户"、乡村旅游联合体、乡村旅游股份制企业等多种经营管理模式，促进集体资产、集体资源向社会开放，变单一的渠道为多元渠道，单一成分为多元成分，从而创新旅游集体经济组织形态。

（2）企业组织形式升级。乡村旅游高质量发展的必然趋势要求乡村旅游运营跨越传统"家庭作坊""夫妻店"等经营模式，向着规模化、聚集化、产业化、市场化方向发展。大型乡村旅游企业居于龙头地位，具有强大的市场把握与价值链整合能力。要重点扶持乡村旅游龙头企业发展，支持乡村旅游龙头企业构建市场发展平台，促进旅游资源、要素整合，助力乡村共同富裕。强化示范带动作用，出台政策鼓励有实力、有技术的旅游企业、民宿、旅游公司、专业运营团队发挥引领、整合作用，由点及面、由面及域带动村民致富，实现共同富裕。

（3）民宿产业提档升级。随着乡村振兴及共同富裕战略的实施，要推动乡村民宿产业升级，由中低端民宿向中高端民宿转型。在转型升级的过程中，要加大政府对民宿融资、抵押、担保等政策扶持力度，解决民宿发展融资难的问题，从而促进民宿的物质环境及软环境的升级改造。要进一步优化村庄环境与公共服务体系，推动民宿管理的数字化、服务的亲情化与接待的个性化。要充分利用民宿协会的组织优势，进一步完善民宿价格机制，防止民宿价格恶性竞争；要进一步完善村民培训机制，定期由农家乐协会开展管理、服务、数字营销等培训，提高村民素质与管理能力，积极提升乡村民宿的管理质量与水平；进一步加强与在线第三方平台合作，强化在线平台的宣传、销售与运营，加强民宿的数字化与智慧化转型。

（4）消费业态提档升级。推动民宿的主题化包装，结合象山特色渔文化、非遗文化、农耕文化、田塘文化等，将其融入民宿的开发与设计中，打造具有个性化、地域特色、主人气质的民宿；以村民为主体，成立民俗文化表演团队，利用村里的文化广场、闲置草坪等，为游客提供甬剧表演、乡村音乐表演、传统老式电影、老年交谊舞会等相关活动，丰富游客及村民的生活，增加村民与游客的活动互动、情感互动，增强游客的地方感与依赖感；要积极培育和发展新的业态，因地制宜地依托村落地形，培育山地运动、田园度假、田园研学等新旅游形态，积极打造微度假乡村旅游目的地。积极应对市场转型升级，面对不同消费者的需求，贯穿"青年与海"战略，以中年及青年市场为重点，以业态变化引领市场变化，以市场变化引领消费层次、消费规模升级。部分村庄产业升级举措如表6–2所示。

表6–2　部分村庄产业升级举措

村庄名称	具体措施
黄沙村	黄沙村积极挖掘村内闲置宅基地与房屋资源，引导农户主动进行民宿建设，实现了民宿的规模化发展。为了更好地打造民宿集聚村，黄沙村应该促进民宿与田园的融合，通过水稻种植，田园景观打造，建设综合性休闲农业观光研学园区、农业研学基地、游乐中心、垂钓场、采摘果园、乡村共富工坊等项目，推动"民宿+田园"项目落地建设；要围绕红围塘垂钓场，建设游乐中心、登山步道、烽火炮台、沙田坑水上乐园等项目，助推村庄旅游提质增效。要紧紧围绕"民宿+"旅游产业发展，带动农业生产方式转变，改善农民住房条件，通过把黄沙村的乡村元素与现代旅游要素有机融合，形成以民宿为支撑的乡村旅游区
沙塘湾村	沙塘湾村要进一步梳理和盘活现有的山、海、岛、岸、滩等滨海资源，以及房屋、码头、闲置土地等集体资源，因地制宜开发利用，通过深化"民宿+"文章，积极开发"民宿+休闲咖吧、民宿+海鲜美食、民宿+健康运动、民宿+渔村电商、民宿+文创手工制作"等多元业态，延伸民宿产业链，丰富游客体验，构建集风景、风味、风情于一体的渔村休闲产业链，从而增加渔村集体经济收入。继续推行"三权分置"，对已流转的79幢房屋统一进行投资招商（包括运行管理），不断加大招商引智力度，引导推动资本、技术、人才等要素向本村流入，引进精品民宿品牌企业，进一步提升民宿品质
沙地村	沙地村要以数字化和品牌化为抓手，强化"宁波民宿第一村"的品牌形象与市场知名度，借助互联网、新媒体平台，加大"宁波民宿第一村"的宣传与推广，吸引人流；要加强对沙地村发展经验、模式的总结、宣传与推广，形成"沙地模式"品牌，以"宁波民宿发源地"的姿态屹立于市场，打造宁波民宿品牌标杆；推进"数字化+旅游""数字化+农业"，搭建智慧民宿管理系统，积极申报未来乡村示范区，促进美丽乡村建设提质增效；加强与周边旅游资源的联合开发，共同树立品牌，以达到互惠互利的双赢效果
青山头村	青山头村要促进体育、旅游、文化的深度融合，构建文旅体产业发展链条，打造以青山为特色的体育、餐饮、娱乐、住宿品牌，构筑"只此青山"品牌形象。充分利用闲置的房屋，通过塘港博物馆、体育文化馆、咖啡吧、乡村音乐馆等相关业态的导入，丰富体育运动文化，提升村庄文化内涵。借助体育特色村赛事影响力，承办各类运动赛事，吸引游客驻足。结合当下年轻人喜爱的露营、半程马拉松等活动，积极打造更加时尚的运动消费场景及文化消费场景；进一步升级打造体育运动休闲街区，积极引进国内外著名运动休闲品牌，以过季、折扣的运动商品为特色，开展乡村运动产品展销会等活动，从而形成新的产业消费增长点，以特色体育为引领，以项目建设带动村庄联动发展。进一步完善生产生活基础设施，建设乡村青少年夏令营、青年夏令营、老年夏令营等，发展以体育为主题的乡村酒店、客栈及民宿，着力营建宜居、宜业、宜游的休闲体育特色共富村

续表

村庄名称	具体措施
军湖村	军湖村要以军民塘水库为核心资源，建设水上运动休闲中心，打造“十景”，带动乡村农旅、体旅融合，促进军湖人居环境改善、业态植入、游客聚集。实施特色产业培育工程，以湖泊运动休闲为核心，积极培育水上运动休闲产业，延伸体旅融合产业链条；积极发展休闲渔业，通过养殖基地、休闲垂钓基地等，创新运营与管理模式，通过提升军民塘水库休闲渔业带动效应，促进渔业富民强村。建设环湖风情带、水上运动休闲中心，建设划船、皮划艇、摩托艇、滑水板、水上自行车等项目，打造以水上运动为特色的湖泊休闲基地，促进体旅融合。开发和培育骑行、乐园、露营、房车自驾等一批文化娱乐、体育旅游项目，为吸引游客、留住游客创设良好的环境。积极建设水上运动中心、运动休闲酒店、网红打卡地、田园烧烤、露天泳池等项目，将军湖村打造成集竞技比赛、运动休闲、康养旅游等功能于一体的体旅融合特色示范村庄
青莱村	充分发掘当地田地资源，积极发展生态休闲体验农业，结合当地种植特色，打造青莱村农耕非遗、生态休闲体验基地，引入农耕非遗、果蔬采摘体验、垂钓体验等多元业态，逐步开展乡村研学活动。充分发掘当地农产品特色，有序发展休闲餐饮业态，鼓励优质特色农产品实现地产地销、就地加工，结合当地风味小吃、特色食品，全力打造乡村食堂，引入休闲餐饮业态共享创业空间，打造青莱村本地美食品牌。加大山海资源优势利用，完成青莱村炮台山游步道绿化、灯光亮化及观景平台趣味节点打造。建设青莱村滨海营地，改造现有渔业码头，打造休闲型渔人码头，设立滨海露营地、房车基地，以及垂钓区和亲子游乐园，开展特色节庆、研学科普等活动，打造滨海乡村消费新场景。充分利用西坡民宿游客导入优势，鼓励村民自行或委托村集体将闲置的住宅、出租屋改建为青年旅舍、家庭旅馆、特色民宿，打造有特色的民宿产业集群

第三节　空间整合，构建文旅产业共同体

（1）空间整合。打破行政性及制度性壁垒，着力构建区域乡村旅游联合发展、共同富裕的创新路径，建立区域乡村旅游发展共同体。对于广大乡村而言，要以党建为引领，以乡村旅游共同体或区域联合体为平台，以产业为支撑，整合区域资源，以点串线，以线带面，构建带动区域乡村旅游发展的“乡村旅游振兴带”“乡村旅游共富轴”“乡村旅游共富圈”。通过区域“共富圈、共富轴、共富带”的构建，带动居民参与的积极性和主动性。在区域范围内，探索建立区域共富共同体帮带机制，让先富帮后富，实现共同富裕。

（2）资源整合。资源整合与资源共享是区域联动发展的基本前提。传统的组织模式存在信息不对称与交易壁垒问题。在土地资源整合方面，通过土地流转，实现土地的规模化生产、集约化经营，通过人力资源的整合与共享，实现人才充分利用与人尽其才，通过财政资源的使用与利用为乡村共同富裕注入资金动力，通过科技资源的整合与共享，实现乡村技术的最大化利用与价值发挥。

（3）区域合作。要在“做大蛋糕”的基础上，更好地“切好蛋糕”。通过游客流量导入，带动区域经济发展，提高整体规模效益、经济效益与社会效益。要在区域范围内建立客流共享机制、产品协同机制、利益共分机制，防止恶性竞争，杜绝产品同质，创新经营形态、降低开发成本，提高乡村旅游经营效益，实现区域共富。部分村庄整合融合举措如表 6–3 所示。

表 6–3　部分村庄整合融合举措

村庄名称	具体措施
金高椅村	强化岛村联动，探索景村一体富民举措。一方面，要强化岛村联动，把金高椅村作为花岙岛海洋地质公园的一部分进行整体开发，实现岛村联建共享；另一方面，要完善村内休闲娱乐度假产品，积极建设石油工厂酒吧项目、海风玻璃直播咖啡厅项目、烽火公园村庄沿路景观项目；抢抓花岙海岛公园建设的溢出效应，丰富金高椅村民宿业态。鼓励村民盘活利用闲置农村住宅，发展乡村民宿，支持农户通过房屋盘活利用、场地出租等方式，集中连片发展旅游民宿集聚区，通过自营、合营、股份制等形式，积极地探索旅游经营模式创新，通过村岛一体、游客参与，实现居民增收创富
新鹤村	新鹤村与半边山应该是一个发展的联合体或者共同体，新鹤村应打造成分流景区散客的会客厅与聚集地；“人间渔火”的体验地，这要求新鹤村提高自身站位，完善设施，优化环境，提升服务，要优化停车场设施，在旅游旺季实现停车设施的共建共享，进行统一管理与调度，进一步扩充停车场的数量及停车位；要优化管理体制，从县级层面出发，构建联合统一的管理机制。象山旅投公司与新鹤村联合组建“景村融合”领导班子，集中解决在景区运营、村落旅游开发中的难题，统一协调、统一管理；要构建景村共管共治的联合管理机制，统一管理、统一规范，资源共享、设施共享、客源共享；要构建共赢共富的利益分配机制，景区要给予新鹤村必要的资金支持、政策支持与服务支持，按照相关约定，利益共享、景村共富裕、美美与共
上盘村	重点做好“影视旅游＋”农文旅融合文章。一是“影视旅游＋农业”。大力发展生态农业、观光农业、智慧农业，做大做强枇杷、南美白对虾、柑橘、草莓、火龙果等特色农产品，培育一批龙头企业、农民合作社、家庭农场等新型经营主体，不断提升农产品附加值和旅游品牌知名度；二是“影视旅游＋民宿”。利用现有资源进一步打造“影视文化体验＋民宿”；三是“影视旅游＋风景”。深化“十大美丽”系列建设，发展直播经济、网红经济，充实乡村旅游内容、丰富乡村旅游业态

续表

村庄名称	具体措施
东溪村	强化区域联合，要充分利用交通与区位优势，积极对接象山影视城，以影视旅游带动村庄发展。要积极承接影视城溢出红利，吸引道具、服装、置景等影视配套产业公司及剧组入驻，提高集体资产利用率和收益率；要促进东溪老街保护性利用与创新性开发。结合影视拍摄的场景营造，开展古典服装拍摄、历史场景穿越等文化体验活动，打造集影视创造、影视活动体验、影视艺术于一体的街区；激活农村闲置资源，加大对村级资产的改良、改建、收储和清退力度，积极与影视城合作，统一打包承租，打造老街影视拍摄地、取景地。推进后山 800 亩园地的招商招租，拓展影视服务产业的外延，形成新的具有高附加值的产业配套园区

第四节　文化挖掘，打造独特乡村文旅 IP

（1）深度挖掘文化资源。针对象山的古村落开展物质文化、非物质文化遗产资源专项调查和整理研究工作。活化利用村落文化资源。根据文化的种类、特性、特色与潜力，促进优质资源的有机激活和合理利用。通过项目与业态导入、科技与创意融合，实现文化资源功能及价值的合理转换，实现文化资源社会效益和经济效益的最大化有序利用。

（2）系统打造文旅 IP。文旅 IP 的挖掘、提炼、开发、构建与运营是一个系统化工程，而且是以文旅消费市场变化为导向的动态调整过程。树立 IP 战略思维、产业思维、市场思维、价值链思维，厘清资源优势、IP 开发潜力，以大数据精准感知新消费群体偏好、市场动变趋势，加大文旅 IP 的包装与设计、宣传与推广、运营与管理、动态调整与维护。要把文旅 IP 挖掘、包装和打造作为一个综合性的系统工程进行整体推进，充分彰显文化自信、IP 自信、旅游自信。以政府为引导、企业为主体，按照市场化方式，围绕特色的产业、景区、文化、非遗、民宿、技艺、商品等，打造文旅 IP 矩阵。依据文旅 IP 特色，进行适度的创新、植入文创元素，策划宣传口号、设计标识系统、衍生文创纪念品、举办特色节庆活动等，形成产业链闭环，提升文旅 IP 内涵及价值。

（3）构建文旅 IP 体验空间。要注重 IP 衍生品价值的创造，构建文旅 IP 主题消费空间。在吃的方面，积极发展具有象山特色的旅游食品、餐饮环境、餐饮服务等，形成彰显小海鲜、白鹅美食系列品牌，以美食吸引游客，引爆亮点；在住的方面，要重点开发滨海青年旅社、艺术民宿、帐篷营地、海景自驾车营地、滨海露营基地等。强化艺术民宿、文化民宿、海景民宿的打造宣传，形成民宿品牌系列，以民宿作为吸引青年群体流量的入口，打造民宿 IP 品牌；在购的方面，其旅游商品研发的关键是通过挖掘各村的文化元素，构建 IP 衍生品。重点加强旅游商品的设计与包装，线上与线下的联合推广；在娱的方面，要注重夜间消费场所的打造与提升，结合数字化进行沉浸式消费环境打造，构建沉浸式、深度体验式的艺术村落、运动场景、消费空间与文化场所。部分村庄文旅 IP 打造举措如表 6–4 所示。

表 6–4　部分村庄文旅 IP 打造举措

村庄名称	具体措施
舫前村	充分发掘村内古建筑资源，及时修缮和保存历史建筑，全方位展示历史风貌；充分活化村庄诗、禅、茶等优质文化资源，将文化元素融入乡村旅游建设中的景观设计、IP 打造、衍生品开发等各个环节，打响舫前“山水茶禅园”特色文化品牌。充分发挥红木樨诗社的文化引流作用，做好西湖诗社文化资源保护，做好叶兰贞《研香室诗存》、王莳蕙《抱泉山馆诗文集》等诗文的保存和展示，做好红木樨诗社原址的搬迁和改造工作 充分发掘智门寺禅茶文化，按照相关规划逐步复原主体禅院，结合智门寺茶场“半岛仙茗”生产基地，以“茶禅文化”为主线，以禅寺、禅村、禅茶“三位一体”共同打造识禅、习禅、悟禅的修心之所与特色心灵度假空间。加大资金争取和投入力度，建成集教育培训、图书阅览、文体活动室等于一体的文化礼堂
儒雅洋村	依托村庄内修缮完好的 30 余幢古建筑，吸引更多的文创团队和艺术大师入驻儒雅洋村古建筑群，参与古建筑的活化利用。以目前已有的影视基地、非遗传承中心为基础，主动走出去与更多知名设计师、大师合作，建设艺术家走廊、文化休闲天地、户外运动基地、民俗文化基地、乡村客栈、亲子互动乐园、民间收藏馆、美术馆等，培育文创产业。继续发展好一年一次的“竹文化节”，积极举办“中秋茶话会”“元宵灯会”等传统节日，利用节庆旅游聚集人气，增加知名度。充分挖掘竹子文化，打造“竹乡非遗综合馆”；即沉浸式的非遗学习和体验场馆，集中展示西周竹乡特色非遗作品、民间竹制品、非遗传承人作品，打造有烟火气的人文空间。以乡村产业、历史文化、文化创意等为特色主题，突出历史文化挖掘，通过乡村旅游开发，培育乡村主导优势产业，打造“有品位、有故事”的村庄，展现乡土味、设计感、辨识度的新时代美丽乡村形象，争创省级 4A 景区镇、省级美丽城镇样板镇、市级非遗小镇、文创艺术小镇

续表

村庄名称	具体措施
黄埠村	强化文化与时尚的融合，积极发展山水别院、度假山庄、风情客栈、文化酒店等项目，进一步完善度假业态，以特色化、网红化的住宿品牌提升村落吸引力。探索和开发中医药产业，培育中药种植基地，聘请名医，引导中医馆建设。加大黄埠古村落文化资源转化利用与市场推广，促进文化资源创新性开发；要加强招商引资，通过整体或分片招商，吸引社会资本参与村庄的运营与管理；加大文化市场推广与宣传，通过开展摄影、绘画和微电影创作比赛，举办艺术节等品牌节庆活动，提高历史文化村落知名度；要强化文化与创意、科技的融合发展，建设科技感、沉浸感较强的乡村建筑博物馆，构筑黄埠古村落文旅 IP
樟岙村	积极打造有体验性、互动性、趣味性的综合性非遗场馆；根据不同游客的需求，开发剪纸、香皂等非遗文创主题的伴手礼。招商引资，谋划建设非遗文化、红色教育研学基地，不断促使非遗项目体验化、多元化、产业化，创建可画、可剪、可看、可学、可研、可买的多功能非遗文化基地，推动剪纸创造性转化、创造性地发展，不断激活非遗传承的内核基因，推动“非遗＋旅游”深度融合，打造文旅融合发展的新模式。建设乡村艺术馆、儿童画院、艺术嘉年华、艺术图书馆、石头四合院、农业创意园、花卉观光园、水岸烧烤园等，以文艺因子激活乡村资源，赋能乡村产业，不断丰富“艺术＋旅游”业态，打造集乡土味、乡愁味、乡村味、乡情味、艺术味于一体的“艺术与乡村融合共生”的和美乡村
东门渔村	依托东海第一渔村风情、特色海产品、海边步道观光、岛屿旅游等生产经营形态和服务设施，积极盘活“沉睡”资源，引进知名旅游运营管理团队，全盘运营东门渔村的乡村旅游。通过精品民宿建设，促进民宿高质量发展，让渔民洗脚上岸，变身为民宿经济的参与者、经营者。充分展现“渔元素”、做好“渔文章”，开发渔船维修工业旅游、渔网编织研学旅游、休闲渔船、码头海鲜美食街、渔家乐等旅游特色产品，致力于打造特色渔文化旅游产业，全面谱写“渔旅融合”的乐章

第五节　社区赋权，增强村民主体意识

（1）增强村民主体意识。村民是推动乡村旅游、实现共同富裕的根本性力量，要强化村民主体意识，调动其参与的积极性与主动性。要营造和构建清正廉洁、公平公正的社区发展环境，确保村民具有参与权、选举权、监督权；强化公权的监督，规范权力运行机制，防止因公权越位、错位、失位造成村民权力空间压缩；重塑乡村文化空间、公共精神与集体意识，用文化力量滋养村民心灵，增强村民的情感凝聚与文化认同，从根本上确立主人翁意识。

（2）培育新型职业农民。加强旅游人才培养，有计划地组织乡村旅游从业者、民宿经营者参加培训，开展专家讲座、外出学习考察等各种素质提升活动，提高乡村旅游从业者的素质。落实农业相关产业政策，为优秀的农创客、新农人、民宿主提供各种政策扶持，出台旅游创客专项发展资金，鼓励优秀青年参与乡村旅游，努力将返乡旅游从业者培养成乡村共同富裕需要的“懂旅游、爱乡村、善经营”的人才。

（3）提高社区组织化程度。中国式现代化发展需要乡村高度组织化。高度组织化能够降低因个体力量弱小而造成的风险。高度组织化需要发挥民间组织和社区组织的力量，要完善诸如新型农村集体经济组织、旅游协会、共富联盟、民宿协会、巾帼共富工坊联盟、乡贤理事会等民间组织，从而通过商缘、业缘、血缘等关系强化社会联结，增强社区社会资本。以规模化、组织化的力量达成集体一致性的行动，进而更好地实现社区增权。社区赋权举措如表 6–5 所示。

表 6–5　社区赋权举措

增权层次	主要举措
个体增权	强化居民的自我效能，增加村民参与旅游的能力；提升村民旅游数字化技能，增强村民获取资源与信息的能力；培养村民集体荣誉感与自豪感，提高村民参与旅游集体行动的意识；培育新型职业农民或乡村创客，提高村民参与旅游决策的意识与监督能力
组织增权	以新型集体经济组织为核心，构建新型经济共同体；发挥旅游协会、民宿协会的约束、监督与市场规范功能，增加协会及民间组织的社会联结与社会凝聚价值，提高民间组织在参与决策、共同建设、共同协同方面的作用
社区增权	强化象山乡村旅游社区的包容性，促进社区治理的科学性与开放性，构建区域性的党建联盟，提高社区利用资源、获取政策的意识和能力

第六节　数字赋能，激活共富发展潜力

（1）完善乡村数字化设施建设。象山要以未来乡村建设试点村为抓手，加快乡村旅游数字化基础设施建设，补齐乡村旅游数字化发展短板，提升乡村旅游数

字化设施保障能力。加快乡村数字大脑建设，以数字大脑为中心，构建乡村数字化管理的基本框架，为乡村旅游数字化升级奠定基础。进一步推动乡村景区网络全覆盖，促进乡村游客中心、停车场、景观道路、景区标识牌等设施的数字化与智能化改造。

（2）促进乡村旅游数字资源共享。依托乡村数字大脑，以数字技术为支持，数字资源为内容，以政务云端、网站等为平台，整合象山乡村旅游资源、文化资源、滨海资源及非物质文化遗产资源，推动政企数字信息共享，打通数字壁垒与疏通数字鸿沟，构建乡村旅游发展数据库。进一步打通乡村“食、住、行、游、购、娱”企业之间的数据连接、构建一体化乡村旅游数据中心平台；进一步推动乡村旅游线上与线下的资源整合、信息互动，构建立体化的旅游消费平台。

（3）构建乡村旅游数字化应用场景。推进乡村旅游与数字技术融合，借助数字技术优化乡村旅游资源配置，建立数字技术、人工智能技术与乡村旅游融合的体验场景。积极推进未来乡村建设，构建未来乡村旅游“九大场景”，实施“数字 + 农业”“数字 + 文化”“数字 + 渔业”“数字 + 民宿”“数字 + 邻里”等场景建设工程，实现乡村旅游资源数字化转化与数字化品牌打造。数字化赋能举措如表 6–6 所示。

表 6–6 数字化赋能举措

数字乡村场景	主要举措
数字治理场景	建立以信用治理为核心的道德、诚信积分机制，建立服务换积分、积分换服务激励制度及管理平台。提升治理场景，依托“村民说事”“书记账本”等模式，引领农村片区乡村治理新途径
数字文化场景	建立数字化乡村图书馆、文化礼堂、黄鱼馆、乡贤馆、数字非遗馆等，打造具有 3R 效果的体验空间。综合提升乡村生态景观、人文景观、庭院景观，开展美丽家庭、美丽庭院创建活动，实现“一户一景”“一村一特色”
数字服务场景	以数字化改革为引领，构建智慧化行政服务平台，有机融合“网格管理、智慧服务、农资交换”等功能，构建“数字化”民生服务体系。建设具有智能化的健康广场、乡村休闲步道、慢行系统；构建智能化养老中心、智慧健康监测中心
数字低碳场景	建立乡村水环境、生态环境数字监测系统，针对美丽海湾、美丽田园进行常态化监测与治理；构建智慧化乡村停车场、智慧化乡村物流中心、智慧化慢行系统
数字产业场景	建设数字化黄鱼养殖场、数字化农田、数字化红美人基地，构建集种植—生产—销售于一体的全产业链模式，打造未来乡村产业场景。推动“数字 + 民宿”，即民宿产业数字化升级改造，数字化赋能产业发展

第七节 产业运营，形成共富造血功能

（1）树立乡村旅游运营思维。随着乡村旅游资源的深度化及全域乡村旅游的发展，乡村旅游必然面临着由乡村旅游规划设计时代向乡村旅游运营时代转型。乡村旅游规划设计解决乡村旅游开发的前端问题，而乡村旅游运营是解决乡村旅游的末端，在乡村蝶变与共富的过程中，资源是基础，投资是关键，运营是资源与资本变现的重要环节，组织化、专业化、市场化的运营是实现乡村旅游可持续发展的关键。乡村旅游运营即通过专业化的乡村旅游运营团队，将乡村旅游资源优势、乡村文化优势、乡村产品优势转为市场及消费的过程。从象山乡村旅游发展现状而言，象山要全面树立乡村旅游运营的思维，通过导入专业化、轻资产运营公司，多元化盘活乡村资产，实现乡村旅游差异化与特色化发展。

（2）创新乡村旅游运营模式。目前，象山有蟹钳港旅游发展有限公司、宁波目的地民宿管理有限公司、宁波望乡民宿管理公司、西坡民宿管理公司、天海风（宁波）体育文化发展有限公司、宁波安可旅游开发有限公司等专业化运营团队，他们坚持市场导向，培育多元消费业态，激活乡村共富的内生动力与市场活力。乡村文旅运营创新了乡村产业的组织形式，使象山的乡村旅游从“散、乱、小”向整合化、实体化、专业化、规模化与品牌化方向转变。象山要进一步创新乡村旅游运营模式，通过成立强村公司、股份制合作等形式，进行整村运营、重点区块运营或者重点项目运营。

（3）组建乡村旅游运营团队。乡村旅游资源开发成功的关键在于策划、规划与设计，而乡村旅游经营与运营成功的关键在于团队。卓越的运营团队能够“点石成金”“化腐朽为神奇”，能够为乡村创造更多的流量及留量价值。要重点培养以返乡青年、异地创客、本地乡贤、社区精英、退伍军人、专业的民营公司、非正式组织等群体和组织，打造一批本土化、引进一批专业化、整合一批特色化的有情怀、有能力、有创意的乡村旅游运营团队，扎根象山、融入乡村。要进一步完善旅游运营合作机制、激励机制和利益分配机制，促进运运营团队的在地化，加强与与本地社区的融合性。

第八节　公平正义，构建共富发展机制

（1）建立公平的利益分配机制。让广大群众共享旅游发展的成果，需要建立公平的利益分配机制。在初次分配的过程中，要注重旅游成果分配的效率与公平，关注弱势群体；在二次分配的过程中，要建立乡村旅游发展税收制度，以税收制度调节收入差距，促进收入公平；在三次分配的过程中，要鼓励乡贤、社区精英以募集、捐赠和资助等慈善公益方式回馈家乡，在道德与习惯的体系下，通过公益的方式，实现对老弱病残等群体的帮扶。公平机制构建举措如表6–7所示。

表6–7　公平机制构建举措

公平的类型	主要举措
分配公平	构建集体经济收入公平性分配机制；探索村民不同形式入股的模式；探索新型股权形式；鼓励创新三次分配机制；确保低收入群体的基本生活保障
程序公平	规范旅游成果分配程序的公平性与合理性；强化程序过程的科学性与透明性；优化决策机制参与的广泛性与多元性；防止决策过程、分配过程的权利寻租现象发生
互动公平	建立政府与社区长效的沟通机制；建立社区居委会与居民的互动沟通机制；建立政府与居民相互信任机制；增强政府的公信力
信息公平	信息公平是在旅游发展过程中，与社区旅游相关成果分配、重大决策等信息公开与透明。在象山乡村旅游发展中要促进村民信息的平等、信息共享与信息自由，防止信息鸿沟与信息孤岛出现

（2）建立包容性发展的动力机制。乡村共同富裕的实现，要强化农村土地的复合功能，鼓励集体性建设用地、村民自家宅基地、抛荒地等通过租赁、入股、抵押等形式参与旅游项目投资，通过点状供地，盘活各类土地价值，激发包容性增长的动能。要进一步鼓励村民以房屋资产、资金等形式入股。在建立合理利益分配机制的基础上，包容性的鼓励村民广泛参与。

（3）建立社区治理优化机制。在乡村旅游开发的过程中，要发挥乡村社区村规民约规范与约束作用，强化社区村民自律、自治行为，以德治、自治、法治、智治相结合，构建现代化乡村治理体系；建立规范的民宿、餐饮价格机制，通过民宿管理协会或民宿联盟建设促进行业自律，防止价格恶性竞争；要建立旅游项目投资、退出机制，规范商业资本的逐利行为，防止乡村自然资源与人文资源的过度开发与破坏。

（4）建立旅游风险管控机制。由于农民天然的知识与素质的局限性，在乡村旅游开发、民宿投资的过程中容易盲目跟风与模仿，从而导致产品雷同、恶性竞争。由于受天气等自然灾害、国家政策不确定性等方面的影响，一些主体缺乏必要的风险防范意识，造成运行经济压力。要建立必要的自然风险、政策风险、投资运营风险的预警机制，提前对风险进行预判，为乡村旅游经营主体提供必要的安全“避风港”。

第七章　结论与启示

第一节　研究结论

一、乡村旅游高质量发展是实现区域共同富裕的战略路径

共同富裕是一个理论体系，包含着丰富的科学内涵，共同富裕的实现具有不同的路径与模式。乡村旅游本质在于乡村性、人民性、生态性、文化性，相对于广大朴素的乡村而言，利用乡村生态性、生产性、生活性资源发展乡村旅游，从而实现强村富民是最为有效的方式；而对于地方政府而言，实现共同富裕是造福于民的一项政治职责与政治要求，是长期而艰巨的任务。从象山县的乡村旅游高质量发展促进共同富裕的发展实践来看，象山县的地方政府及乡村居民，正在实践着这一伟大的政治宣言与梦想，正在用具体的行动证明乡村旅游是强村富民的抓手，是促进城乡均衡发展、实现区域共同富裕最为有效的战略路径。

二、乡村旅游高质量发展促进共同富裕是一个渐进式的发展过程

共同富裕实现是一个长远目标和长期的过程，具有长期性、艰巨性、复杂性等特征。乡村旅游高质量发展促进共同富裕经历了点状共富、线状共富、面的共富、区域共富等不同发展阶段。在不同时空中及不同的共富阶段，政策调控力、市场拉动力、资源内生力、资本驱动力、创新驱动力的主导作用不同。随着乡村旅游发展阶段演进，其主导动力将发生相应转换，多种动力交替与复合，不断地

推动着共同富裕由低级向高级、由点到线、由面到域的演化更替。

三、基于乡村旅游高质量发展的共同富裕是一个多维的逻辑架构

从乡村旅游的角度来审视共同富裕，共同富裕包含多个面向及维度。共同富裕是乡村环境改善、乡村经济发展、社区居民增权、文化设施完善、社区关系和谐 5 个维度的逻辑架构。乡村旅游高质量发展促进共同富裕的作用机理遵循着“经济基础决定上层建筑”的思维逻辑。乡村经济发展、村民收入提高必然带动乡村生态环境的改善、社会关系的强化，进而实现村民权利的增加。从 5 个维度的逻辑关系来看，乡村经济发展是根本，乡村环境改善是前提，社区居民增权是保障，社区关系和谐与文化设施完善是必然结果。五者之间具有齿轮效应，彼此之间相互影响、相互关联、相互促进，环环相扣。前期乡村经济发展、社区居民增权、乡村环境改善影响着社区关系和谐与文化设施完善，而当发展到一定阶段，以村规民约为代表的社会资本，以学历、能力、技术和素养为代表的文化资本反向促进经济发展、环境改善与社区赋权。

四、乡村旅游高质量发展促进共同富裕是一个共建共享的实现过程

乡村旅游高质量发展促进共同富裕的实现是国家宏观的政策逻辑、市场逻辑、基层党组织逻辑、村民个人逻辑融合共存共生的过程，共同构成了乡村旅游的发展支撑体系、动力体系与治理体系。在动态的演变过程中，政策杠杆的撬动、基层党组织的引领、社会资本的嵌入、村民的广泛参与、完善的利益分配机制是不可或缺的因素。共谋共建离不开人民的智慧光芒、集体行动的导向、积极地参与配合；共建共筹离不开国家政策的扶持与社会资本的驱动；共治共管离不开党建的引领牵引及村民主人翁意识的强化。共建、共治、共享是共同富裕的内核，共享共富是价值导向，共谋共建是逻辑起点，共筹共建是关键环节，共治共管是可持续发展的根本保障。

五、象山县乡村旅游高质量发展促进共同富裕的模式具有示范意义

“绿水青山就是金山银山”“滨海银滩就是金山银山”。象山县以“绿水青山就是金山银山”为指导，充分发挥资源、区位、资本、政策、机制体制优势，以乡村共谋、共建、共创，推动乡村共治、共管、共赢，从而实现乡村共享、共富，描绘了一幅乡村旅游高质量发展促进共同富裕的“万象山海图”，走出了一条“海上两山”转化的“象山路径”。象山县“海上两山”的理论应用与实践，在县域区域发展模式上具有典型的示范意义；象山县“三权分置”的产权改革，对激活乡村资源、盘活乡村土地，引入社会资本，具有改革创新标杆价值；基于“居民说事”的基层治理创新、“村民众筹”的融资模式创新、共享共富的分配机制创新等，为中国乡村的现代化发展与治理展示了生动而鲜活的样本。总而言之乡村旅游高质量发展促进共同富裕的“象山路径”实证了“绿水青山就是金山银山”的实践指导价值。

第二节　研究启示

从象山县乡村旅游高质量发展促进共同富裕的实践模式来看，具有几个方面的启示。

一、高位谋划、政策驱动是重要保障

在乡村振兴及共同富裕实现的过程中，要注重规划的战略价值，要以规划为引领，形成顶层设计思路。要找到战略性的切入口，如乡村全域旅游示范区、A级景区、旅游共同富裕示范村、省级驿站、共富共坊、精品线创建等类似的抓

手，系统推进产业培育、项目招商、文化设施建设、生态环境改善，全方位力促共同富裕。从县到镇、从镇到村，高位谋划，高端发力，形成推动共富的磅礴力量。乡村振兴、乡村共富的一揽子政策体系具有价值导向、政治动员、任务驱使、制度执行与组织保障作用。乡村振兴要充分利用国家政策，因地制宜地制定一系列适合自身发展的政策体系。要以国家政策落地实施吸引资金、以本土化政策的创新盘活资源，以创新性政策改革吸引人才及资本嵌入，以机制体制创新性构建激活发展动能。

二、党建引领、赋权强能是决定力量

根据象山县28个村的共同富裕发展之路来看，乡村旅游高质量发展促进共同富裕的实现，基层党组织起着关键作用。基层党组织具有理论引领力、政治动员力、责任驱使力、制度执行力、组织保障力功能。对于共富单元而言，首先，要有一个责任担当、为民请命、甘愿付出的领头人，“关键性少数”具有关键性的领导作用；其次，要进一步夯实乡村基层党组织的战斗堡垒作用，强化班子成员的凝聚力、向心力，为共同富裕提供坚强的政治与组织保障；最后，要注重班子传承与新接班人的培养，从而实现乡村制度的延续性。党建引领离不开人民的广泛性参与和支持，要强权赋能，要赋予村民知情权、参与权、决策权、监督权。赋权于民，还权于民，才能调动村民参与的积极性与支持度；当然，村民基于素质与认知先天性不足，往往存在着短视行为，还要赋能于民、赋智于民，要加强村民的知识与技能培训，全面提升村民素质。

三、产业培育，多产融合是基本路径

象山县从民宿集聚、渔旅融合、景村融合、“三权分置”、体旅融合、乡贤回归、村民众筹、党建引领8个方面，提供了乡村旅游高质量发展促进共同富裕的现实图景。由此可见，乡村实现共同富裕关键在于产业。产业振兴、产业培育、产业发展、产业升级是实现乡村强村富民的重要支撑。乡村共同富裕的模式与路径具有多样化与多元性特征，对于广大乡村而言，万变不离其宗，要壮大乡村产业经济，要因地制宜地挖掘自身发展优势，找准乡村发展的着力点，以特色产业为基点，久久为攻，长期发力；要强化产业融合，通过“乡村旅游+”“乡村体育+”“乡村农业+”“乡村民宿+”“乡村渔业+”“乡村文化+”等产业融合模式，以产业融合延伸产业链条，构建共富消费新场景；要注重产业升级，从当前来看，象山县的部分富裕村面临着产业升级的困境，后续发展乏力。因此，基于乡村生命周期理论，乡村发展要不断创新、不断升级方能实现可持续发展。

四、数字赋能、技术创新是发展引擎

象山县紧抓未来乡村创建的契机，立足各村自然资源和文化禀赋，借助数字技术，构建“数字+民宿”“数字+渔场”“数字+农场”“数字+景区”“数字+影视城”“数字+旅游”等新模式，因地制宜地多元化发展的“未来乡村”。未来乡村建设是浙江省为了促进乡村现代化提出的乡村发展战略，重点打造未来产业、未来风貌、未来文化、未来邻里、未来健康、未来低碳、未来交通、未来智慧、未来治理九大场景。数字赋能和技术创新为象山县的乡村产业升级、技术更新、服务创新注入了新的发展动力。对于广大乡村而言，数字乡村、智能化乡村是必然趋势，要以数字赋能农业生产、产业发展、乡村治理、基础服务，量力而行，尽力而为。首先，要优先实现村民生活“智慧化”，从打造“智慧厕所、智慧垃圾站、智慧食堂、智慧书屋、智能养老、云诊疗室、智慧停车场”等方面着手，让智慧便利村民生活；其次，要基于产业特色，强化科技与产业融合，构建“数字+产业”新场景。

五、企业嵌入、乡贤回归是关键要素

象山县乡村旅游高质量发展促进共同富裕的发展实践证明，社会资本嵌入和乡贤资本的回归是不可或缺的关键要素。企业具有创新的经营理念、敏锐的市场意识、丰富的社会资源，相比村民而言更具有专业化和市场化的运营能力。对于广大乡村而言，基于村民天然的局限性，乡村旅游发展到一定阶段后，根据生命周期理论、产业发展理论，其面临着发展及动力转换困境，这需要借助社会企业力量进行市场化运作，从而提高乡村旅游的市场竞争力，构建可持续发展动力。在民间资本回嵌的过程中，以乡贤为核心支撑的社会资本回嵌不可忽视。乡贤是社会关系、社会信任、社会规范、社会网络资源凝聚，其具有网络社会资源、引流政策资金、优化社会治理等方面的作用。因此，无论是东部地区还是西部地区，均要重视与充分利用乡贤资源，通过政策和情感等方式吸引乡贤回归、青年回流。同时，要针对资本下乡的悖论，对资本的天然逐利性缺陷造成农民主体失位、无序扩张、生态环境破坏等风险进行有效规制。

附　录

附录一：居民调查问卷

您好，感谢您参与此项研究！我们想通过这份问卷了解当前农村居民共同富裕感知的现状及共同富裕示范村创建的态度。仅作为学术研究所用。所有数据问卷不记名，也不会向外界公布。请根据您的真实想法做回答，在您认为符合您想法的选项上打“√”。您反映的真实想法和实际情况，将为本地共同富裕示范村创建提供可靠的数据。再次感谢您的支持和配合！

第一部分：个人信息

1. 您的性别：（1）男性　（2）女性

2. 您的年龄：（1）24 岁及以下（2）25～44 岁（3）45～64 岁（4）65 岁及以上

3. 您的文化程度：（1）初中及以下　（2）中专及高中

（3）大专 / 本科　（4）研究生

4. 您的月收入：（1）3000 元以下　（2）3000～5000 元　（3）5000 元以上

5. 您所在的区域：　　镇　　　村

6. 您是否在参与旅游：（1）是　　（2）否

第二部分：共同富裕感知（对以下描述在您认可的选项上打“√”）

（一）乡村经济发展感知（对以下描述在您认可的选项上打“√”）

乡村经济发展感知	非常不同意	不同意	一般	同意	非常同意
1.本地旅游业或农业发展提高了我的消费（购买）能力	1	2	3	4	5
2.我的一部分收入来自本地的旅游业	1	2	3	4	5
3.我可以从本地旅游业发展中获得更多经济收益	1	2	3	4	5
4.我家的经济前景依赖本地旅游业的发展	1	2	3	4	5

（二）社区关系和谐感知（对以下描述在您认可的选项上打“√”）

社区关系和谐感知	非常不同意	不同意	一般	同意	非常同意
1.人们在大街上经常问好并停下来和对方聊天	1	2	3	4	5
2.这里的人值得信任	1	2	3	4	5
3.我可以向邻居们寻求帮助或支持	1	2	3	4	5
4.旅游业发展加强了我与社区的联系	1	2	3	4	5

（三）文化设施完善感知（对以下描述在您认可的选项上打“√”）

精神（文化）富有感知	非常不同意	不同意	一般	同意	非常同意
1.我们村的文化活动很丰富	1	2	3	4	5
2.我们村的文化设施比较齐全了	1	2	3	4	5
3.居民现在有地方娱乐和休闲了	1	2	3	4	5

（四）乡村环境改善感知（对以下描述在您认可的选项上打“√”）

乡村环境改善感知	非常不同意	不同意	一般	同意	非常同意
1.我们村的村落环境变干净了	1	2	3	4	5
2.我们村的环境适宜人们居住	1	2	3	4	5

续表

乡村环境改善感知	非常不同意	不同意	一般	同意	非常同意
3.我们村的空气质量很好	1	2	3	4	5
4.我们吃的蔬菜是自己家种的无公害蔬菜	1	2	3	4	5
5.我们村的海水或河水变清了	1	2	3	4	5

（五）社区居民增权感知调查（对以下描述在您认可的选项上打“√”）

社区居民增权感知	非常不同意	不同意	一般	同意	非常同意
1.我对本地旅游业发展方面有一定的发言权	1	2	3	4	5
2.我可以参与本地旅游业的决策过程	1	2	3	4	5
3.我对本地旅游业发展有一定的表决权	1	2	3	4	5
4.我有对旅游业发展提意见的途径	1	2	3	4	5

第三部分：支持态度（对以下描述在您认可的选项上打“√”）

旅游促进共同富裕示范村创建的支持态度	非常不同意	不同意	一般	同意	非常同意
1.政府应该积极支持共同富裕示范村创建	1	2	3	4	5
2.我支持并积极地参与共同富裕示范村创建活动	1	2	3	4	5
3.当地应该支持对示范村创建的宣传	1	2	3	4	5
4.我们这里应该继续保持旅游目的地的地位	1	2	3	4	5

附录二：乡镇政府领导座谈访谈提纲

问题一：当前本镇在共同富裕示范镇或示范村创建上产生了哪些好的经验做法或存在哪些教训？

问题二：当前本镇在共同富裕示范镇或示范村创建上采取了哪些措施？

问题三：当前本镇在共同富裕示范镇或示范村创建上的优势或者基础条件有哪些？

问题四：当前本镇在共同富裕示范镇或示范村创建上面临哪些挑战？存在哪些问题？

问题五：下一步本镇在共同富裕示范镇或示范村创建上有哪些新的想法或举措？

附录三：村委会人员访谈提纲

问题一：请介绍一下村庄的共同富裕发展或村庄的发展历程。

问题二：当前本村在共同富裕方面或村庄发展方面的经验有哪些？

问题三：从本村发展角度来看，有哪些关键性因素影响或促进村庄的发展？

问题四：当前本村在共同富裕示范村创建上存在哪些困难？哪些问题需要突破或解决？

问题五：本村在共同富裕示范村创建下一步上有什么打算或措施？

参考文献

白凌子，2015. 门头沟乡村旅游新型业态发展研究［D］. 北京：北京农学院 .

白雪军，2022. 民族地区巩固拓展脱贫攻坚成果同乡村振兴有效衔接研究——基于新内生动力机制的建构视角［J］. 贵州民族研究，43（06）：62–68.

蔡保忠，汪黎明，李晶，等，2022. 共同富裕目标下乡村旅游发展中的利益冲突与应对策略——基于湖南省永州市的实地调研［J］. 商业经济，No.553（09）：136–139+159.

蔡克信，杨红，马作珍莫，2018. 乡村旅游：实现乡村振兴战略的一种路径选择［J］. 农村经济，（09）：22–27.

曾现锋，2022. 共同富裕视域中新型农村集体经济发展路径研究——基于浙北 P 市的调研分析［J］. 安徽乡村振兴研究，No.2（05）：82–92.

查尔斯 · I . 琼斯，2002. 经济增长导论［M］. 北京：北京大学出版社 .

钞小静，任保平 ，2022. 新发展阶段共同富裕理论内涵及评价指标体系构建［J］. 财经问题研究，No.464（07）：3–11.

陈彪，曹晗，2022. 乡村文化振兴的空间与进路——兼谈文旅乡建［J］. 社会科学家，No.304（08）：52–60.

陈慈，陈俊红，龚晶，等，2018. 农业新产业新业态的特征、类型与作用［J］. 农业经济，（01）：3–5.

陈科华，叶楚雄，2023. 浅论共同富裕的三重内涵及其实践路径［J］. 延边大学学报（社会科学版），56（03）：117–123+144.

陈丽君，郁建兴，徐铱娜，2021. 共同富裕指数模型的构建［J］. 治理研究，37（04）：5–16+2.

陈水映，梁学成，余东丰，等，2020. 传统村落向旅游特色小镇转型的驱动因素研究——以陕西袁家村为例［J］. 旅游学刊，35（07）：73–85.

陈伟宏，2022. 共同富裕的伦理内涵［J］. 思想理论教育，No.522（10）：48–53.

陈云，2022. 马克思分配伦理视域下共同富裕的动力机制与启示［J］. 中共伊犁州委党校学报，

No.111（03）：5–10.

陈志军，徐飞雄，2019. 乡村旅游地发展驱动因素及机制研究——基于长沙市的实证分析［J］. 经济地理，39（10）：231–239.

陈志永，李乐京，梁涛，2008. 利益相关者理论视角下的乡村旅游发展模式研究——以贵州天龙屯堡“四位一体”的乡村旅游模式为例［J］. 经济问题探索，（07）：106–114.

邓燕萍，2013. 江西红色旅游新业态发展研究［J］. 江西行政学院学报，15（04）：60–62.

董雪旺，李跃军，管婧婧，2022. 乡村旅游与共同富裕——价值、主体与模式［J］. 台州学院学报，44（05）：1–6+18.

杜江，向萍，1999. 关于乡村旅游可持续发展的思考［J］. 旅游学刊，（01）：15–18+73.

杜书云，牛文涛，2023.“双循环”格局下旅游新业态的培育逻辑［J］. 贵州社会科学 .

杜岩，李世泰，杨洋，2022. 山东省乡村旅游高质量发展与乡村振兴耦合协调发展研究［J］. 湖南师范大学自然科学学报，45（03）：22–32.

杜志雄，2022. 共同富裕思想索源及农民农村实现共同富裕的路径研究［J］. 经济纵横，No.442（09）：21–29.

丰晓旭，2023. 共同富裕目标下的乡村旅游资源开发逻辑及关键问题分析［J］. 自然资源学报，38（02）：305–317.

冯亚芬，俞万源，2018. 客家乡村旅游发展时空演变及其动力机制研究［J］. 中国农业资源与区划，39（07）：212–218.

冯喆，田至美，2019. 北京市乡村旅游特色业态的空间分布特征研究［J］. 首都师范大学学报（自然科学版），40（03）：80–89.

付业勤，曹娜，李勇，2015. 海南旅游新业态类型、分布与发展策略研究［J］. 海南广播电视大学学报，16（03）：44–51.

傅才武，高为，2022. 精神生活共同富裕的基本内涵与指标体系［J］. 山东大学学报（哲学社会科学版），No.252（03）：11–24.

傅东平，苏晓，李海霞，2023. 共同富裕的内涵、测度与推动因素研究［J］. 经济体制改革，No.239（02）：23–31.

高丽敏，程伟，史彦军，2012. 旅游新业态的产生发展规律研究［J］. 中国商贸，（12）：196–197.

高质量发展研究课题组，2020. 中国经济共享发展评价指数研究［J］. 行政管理改革，No.131（07）：14–26.

公丕明，2022. 新时代共同富裕的科学内涵、目标愿景及重点任务［J］. 中国物价，No.403（11）：9–11.

苟文峰，等，2019. 高质量发展：理论、实践与评价体系研究——基于重庆发展的视角［M］. 成都 . 西南财经大学出版社 .

谷佳奇，彭显明，梁强，2022. 体育旅游赋能乡村振兴经验与保障措施——以浙江省为例［J］. 体育文化导刊，No.245（11）：15–21.

郭碧君，2019. 民族村寨旅游共享发展模式研究［D］. 中南民族大学 .

郭峰，贺贞贞，程峥峥，2023. 共同富裕视域下乡村生态旅游的困境与法治策略——基于陕西省 S 镇的实地调查［J］. 中南农业科技，44（04）：139–142.

郭焕成，韩非，2010. 中国乡村旅游发展综述［J］. 地理科学进展，29（12）：1597–1605.

郭剑英，邱云志，熊明均，2008. 初探新农村建设中乡村旅游发展模式选择——以汶川县照壁村、萝卜寨村为例［J］. 商业研究（06）：176–179.

郭凌，王志章，2012. 乡村旅游：实现农村包容性增长的路径选择［J］. 学术交流，No.221（08）：102–105.

郭为，秦宇，黄卫东，等，2017. 旅游产业融合、新业态与非正规就业增长：一个基于经验与概念模型的实证分析［J］. 旅游学刊，32（06）：14–27.

郭为，王静，李承哲，等，2022. 不患寡而患不均乎：发展旅游能促进共同富裕吗？——基于 CFPS（2010—2018）数据的分析［J］. 旅游学刊，37（10）：12–25.

郭文，2010. 乡村居民参与旅游开发的轮流制模式及社区增权效能研究——云南香格里拉雨崩社区个案［J］. 旅游学刊，25（03）：76–83.

郭晓鸣，丁延武，2023. 以城乡融合促进共同富裕的战略思考［J］. 经济纵横，No.448（03）：8–16.

郭旸，沈涵，2011. 基于生态内生化的旅游新业态的体系构建与规制研究［J］. 生态经济（04）：120–122+129.

郭子瑜，陈刚，2023. 体育产业助力共同富裕：价值意蕴、实践经验与推进策略［J］. 体育文化导刊，No.251（05）：70–77.

韩保江，2021. 实现全体人民共同富裕：逻辑、内涵与路径［J］. 理论视野，No.261（11）：61–67.

韩文龙，唐湘，2023. 在中国式现代化新征程中促进农民农村共同富裕［J］. 兰州大学学报（社会科学版），51（01）：14–24.

赫尔普曼、王世华、吴筱，2007. 经济增长的秘密［M］. 北京：中国人民大学出版社.

何景明，李立华，2002. 关于“乡村旅游”概念的探讨［J］. 西南师范大学学报（人文社会科学版），(05)：125–128.

何艳冰，周明晖，贾豫霖，等，2022. 基于韧性测度的传统村落旅游高质量发展研究——以河南省为例［J］. 经济地理，42（08）：222–231.

侯晓东，朱巧玲，万春芳，2022. 百年共同富裕：演进历程、理论创新与路径选择［J］. 经济问题，No.510（02）：1–8.

胡承槐，陈思宇，2022. 关于共同富裕的若干重大理论和实践问题的思考［J］. 浙江学刊，No.252（01）：40–53.

胡敏，2009. 我国乡村旅游专业合作组织的发展和转型——兼论乡村旅游发展模式的升级［J］. 旅游学刊，24（02）：70–74.

黄立丰，2022. “双轨制—互动型”：中国共产党推动共同富裕的动力模式及路径优化［J］. 中共宁波市委党校学报，44（06）：48–56.

黄细嘉，张科，王红建，等，2023. 乡村旅游发展能否缩小城乡收入差距？——来自“全国休闲农业与乡村旅游示范县”的经验证据［J］. 旅游学刊，38（02）：16–29.

黄秀琳，2011. 惠众与公平：未来旅游发展的终极要求［J］. 中国软科学，(3)：65–71.

黄意武，2022. 精神生活共同富裕评价指标体系的构建［J］. 观察与思考，No.537（09）：70–76.

黄震方，陆林，苏勤，等，2015. 新型城镇化背景下的乡村旅游发展——理论反思与困境突破［J］. 地理研究，34（08）：1409–1421.

黄震方，张圆刚，贾文通，等，2021. 中国乡村旅游研究历程与新时代发展趋向［J］. 自然资源学报，36（10）：2615–2633.

黄震方，祝晔，袁林旺，等，2011. 休闲旅游资源的内涵、分类与评价——以江苏省常州市为例［J］. 地理研究，30（09）：1543–1553.

黄祖辉，叶海键，胡伟斌，2021. 推进共同富裕：重点、难题与破解［J］. 中国人口科学，No.207（06）：2–11+126.

吉根宝，郭凌，2015. 乡村旅游对城郊乡村社会转型的影响研究［J］. 改革与战略，31（07）：102–105.

贾磊，2022. 共同富裕的时代内涵、现实挑战和实践路径［J］. 西华师范大学学报（哲学社会科学版），No.239（03）：10–18.

贾玉娇，2023. 共同富裕型社会政策：理论内涵、政策体系与实践路径［J］. 社会科学战线，No.332（02）：194–203.

姜长云，2022. 共同富裕导向下的乡村振兴：发展、建设与治理［J］. 行政管理改革，No.158（10）：13–22.2022.10.008.

蒋永穆，豆小磊，2022. 扎实推动共同富裕指标体系构建：理论逻辑与初步设计［J］. 东南学术，No.287（01）：36–44+246.

金银亮，2022. 促进共同富裕的内涵、挑战与对策——以江苏盐城为例［J］. 盐城工学院学报（社会科学版），35（02）：1–7.

李德明，程久苗，2005. 乡村旅游与农村经济互动持续发展模式与对策探析［J］. 人文地理（03）：84–87.

李定可，2018. 乡村旅游新业态研究——以洛阳市栾川县为例［J］. 洛阳理工学院学报（社会科学版），33（01）：41–48.

李东和，汪燕，王云飞，2012. 非大城市周边地区乡村旅游发展模式研究——以黄山市为例［J］. 资源开发与市场，28（06）：573–576.

李冬花，王咏，陆林，2023. 共同富裕目标下综合乡村旅游开发的可持续生计效应——基于浙江省安吉县鲁家村的案例实证［J］. 自然资源学报，38（02）：511–528.

李凤亮，杨辉，2021. 文化科技融合背景下新型旅游业态的新发展［J］. 同济大学学报（社会科学版），32（01）：16–23.

李冠霖，史作廷，2023. 农业高质量发展促进农民农村实现共同富裕的障碍与突破方向［J］. 山东大学学报（哲学社会科学版），No.258（03）：20–28.

李泓沄，储德平，2015. 安养乡村、乐享田园：养老型乡村旅游地新机遇基于养老旅游、乡村旅游与生态旅游的融合发展［J］. 资源开发与市场，31（04）：493–496.

李江敏，魏雨楠，郝婧男，等，2023. 湖北省乡村旅游高质量发展的时空差异及演化特征研究. 华中师范大学学报（自然科学版），1–20.

李杰义，胡静澜，2022. 共同富裕视角下乡村红色资源价值转化机制研究——对浙江省丽水市红色乡镇的扎根分析与实证检验［J］. 新疆农垦经济，No.353（07）：12–20.

李军明，李军，2023. 传统村落旅游推动共同富裕的三次分配机制研究［J］. 西南民族大学学报（人文社会科学版），44（03）：200–207.

李明阳，2021. 现代化发展视域下乡村旅游企业的升级对策［J］. 农业经济（09）：60–61.

李宁，2022. 城乡融合发展驱动共同富裕的内在机理与实现路径［J］. 农林经济管理学报，21

（04）：473–480.

李鹏，邓爱民，2022. 旅游业高质量发展促进共同富裕的路径分析［J］. 社会科学家，No.298（02）：37–41.

李实，陈基平，滕阳川，2021. 共同富裕路上的乡村振兴：问题、挑战与建议［J］. 兰州大学学报（社会科学版），49（03）：37–46.

李涛，王磊，王钊，等，2022. 乡村旅游：社区化与景区化发展的路径差异及机制——以浙江和山西的两个典型村落为例［J］. 旅游学刊，37（03）：96–107.

李文博，王肇鹏，岑益峰，2022. 山区县高质量发展推进共同富裕的迭代升级新模式——以浙江省武义县为例［J］. 浙江师范大学学报（社会科学版），47（04）：49–57.

李小永，赵振斌，李佳乐，等，2021. 居民视角下民族社区旅游化的空间演变过程及特征——以肇兴侗寨为例［J］. 资源科学，43（05）：1051–1064.

李燕琴，秦如雪，于文浩，2022. 主人满意还是客人满意？——旅游开发助推乡村振兴的主客价值协同机制［J］. 西北民族研究（06）：143–155.

李勇军，王庆生，2016. 乡村文化与旅游产业融合发展研究［J］. 财经理论与实践，37（03）：128–133.

梁峰，李家林，2022. 扎实推动共同富裕：缘起、内涵与路径［J］. 哈尔滨市委党校学报，No.142（04）：18–26.

林刚，石培基，2006. 关于乡村旅游概念的认识——基于对20个乡村旅游概念的定量分析［J］. 开发研究，（06）：72–74.

林立，曾学文，等，2023. 农民农村共同富裕：内涵目标、指标体系与评价分析［J］. 农村金融研究，No.516（03）：3–12.

林梓，肖刚，2023. 湖南省乡村旅游类型及其空间格局研究中国农业资源与区划：1–17.

刘传喜，唐代剑，常俊杰，2015. 杭州乡村旅游产业集聚的时空演化与机理研究——基于社会资本视角［J］. 农业经济问题，36（06）：35–43+110–111.

刘传喜，唐代剑，2015. 乡村旅游新业态的族裔经济现象及其形成机理——以浙江德清地区为例［J］. 经济地理，35（11）：190–197.

刘道学，周咏琪，卢瑶，2022. 共同富裕的“浙江模式”：历史演进及其新时代特征［J］. 浙江工业大学学报（社会科学版），21（01）：19–28.

刘红艳，2005. 关于乡村旅游内涵之思考［J］. 西华师范大学学报（哲学社会科学版），（02）：15–18.

刘明月，汪三贵，2022. 以乡村振兴促进共同富裕：破解难点与实现路径［J］. 贵州社会科学，No.385（01）：152–159.

刘培林，钱滔，黄先海，等，2021. 共同富裕的内涵、实现路径与测度方法［J］. 管理世界，37（08）：117–129.

刘偌妍，2022. 共同富裕理论视域下文旅融合助推乡村——基于浙江省三个景区村庄的讨论［J］. 旅游与摄影，（15）：56–58.

刘晓静，梁留科，2015. 旅游社会公平及其评价指标体系研究［J］. 武汉科技大学学报（社会科学版），17（4）：438–443.

刘晓丽，2022. 共同富裕视域下浙江戏曲和旅游融合发展研究［J］. 浙江海洋大学学报（人文科学版），39（01）：65–71.

刘洲彤，刘淑兰，2023. 共同富裕导向下城乡文化融合发展的实现路径［J］. 湖北经济学院学报（人文社会科学版），20（04）：22–26.

卢福营，张铭玮，卢晶晶，2022. 村落文化旅游开发中的共同体再造——基于浙江省清漾村的调查［J］. 浙江社会科学，No.314（10）：83–91+157–158.

卢睿，2016. 乡村旅游业发展对广西区域经济的影响研究［J］. 中国农业资源与区划，37（10）：45–50.

陆林，李天宇，任以胜，等，2022. 乡村旅游业态：内涵、类型与机理［J］. 华中师范大学学报（自然科学版），56（01）：62–72+82.

罗娟，彭伟辉，2022. 共同富裕目标下我国收入分配结构优化路径［J］. 经济体制改革，No.232（01）：35–42.

罗明忠，2022. 共同富裕：理论脉络、主要难题及现实路径［J］. 求索，No.329（01）：143–151.

吕新博，赵伟，2021. 基于多维测度的共同富裕评价指标体系研究［J］. 科学决策，No.293（12）：119–132.

麻学锋，刘玉林，谭佳欣，2020. 旅游驱动的乡村振兴实践及发展路径——以张家界市武陵源区为例［J］. 地理科学，40（12）：2019–2026.

麻学锋，孙根年，2011. 20 年来张家界旅游发展的民生福利考察［J］. 统计与信息论坛，26（07）：66–71.

（美）迈克尔 · 波特，2002. 国家竞争优势［M］. 李明轩，邱如美，译 . 北京：华夏出版社 .

马斌斌，陈兴鹏，马凯凯，等，2020. 中国乡村旅游重点村空间分布、类型结构及影响因素

[J]. 经济地理，40（07）：190–199.

马丽，金梁，2023. 新时代共同富裕的生发逻辑、理论内涵、实践路径［J］. 湖北社会科学，No.437（05）：79–87.

马勇，张梦，2019. 乡村旅游助推乡村振兴的价值提升［J］. 旅游导刊，3（01）：82–86.

马勇，赵蕾，宋鸿，等，2007. 中国乡村旅游发展路径及模式——以成都乡村旅游发展模式为例［J］. 经济地理（02）：336–339.

梅子，2022. 重庆：乡村露营成为乡村旅游新业态［J］. 四川省情（07）：49–50.

宁晶，2023. 共同富裕视域下民营企业赋能乡村振兴的动力机制——基于浙江省J市的实践［J］. 周口师范学院学报，40（01）：40–45.

欧健，2022. 共同富裕：历史方位、现实图景与实现机制［J］. 河南社会科学，30（01）：1–13.

潘顺安，2007. 中国乡村旅游驱动机制与开发模式研究［D］. 东北师范大学.

潘钰坤，2022. “精致露营”：当代青年休闲方式的新现象［J］. 产业创新研究，（23）：54–56.

彭华，1999. 旅游发展驱动机制及动力模型探析［J］. 旅游学刊，（06）：39–44.

蒲清平，向往，2022. 新时代共同富裕的内涵特征、现实困境、实现机制与实践进路［J］. 新疆师范大学学报（哲学社会科学版），43（06）：15–26.

蒲姝，2010. 我国乡村旅游发展现状与对策研究——以成都市乡村旅游为例［J］. 生态经济，（05）：119–123.

祁新华，程煜，陈烈，2008. 大城市边缘区人居环境系统演变的动力机制——以广州市为例［J］. 经济地理，（05）：794–798+812.

钱书法，2004. 产业组织演进的理论依据与经验检验：分工与专业化经济［J］. 经济社会体制比较，（06）：126–131.

乔惠波，2022. 试论共同富裕的内涵、基础及推进路径［J］. 东岳论丛，43（02）：21–29.

谯娇，高舜礼，2022. 乡村旅游是助推“三农”现代化的重要动力［J］. 文化月刊（09）：10–11.

仇学琴，2008. 乡村旅游开发对少数民族村寨现代化的作用与和谐乡村文化构建探析——以玉溪新平县大沐浴村为例［J］. 经济问题探索，（10）：133–137.

邱洁威，2011. 旅游在统筹城乡文化建设中的价值［J］. 旅游学刊，26（12）：13–14.

申云，景艳茜，李京蓉，2023. 村社集体经济共同体与农民农村共同富裕——基于成都崇州市的实践考察［J］. 农业经济问题：1–17.

沈庆琼，欧伟强，钟晓燕，2022. 旅游经济发展是否促进了共同富裕——基于中国省际面板数据的实证分析［J］. 中国生态旅游，12（05）：736–752.

史玉丁，李建军，2018. 乡村旅游多功能发展与农村可持续生计协同研究［J］. 旅游学刊，33（02）：15–26.

舒伯阳，蒋月华，刘娟，2022. 新时代乡村旅游高质量发展的理论思考及实践路径［J］. 华中师范大学学报（自然科学版），56（01）：73–82.

宋明轩，谢春山，2019. 国内外乡村旅游发展理念、历程和模式比较分析［J］. 沈阳农业大学学报（社会科学版），21（04）：385–391.

宋增文，2013. 乡村旅游新业态发展机制研究——以北京市为例文献标志码：A［J］. 中国农学通报，29（26）：217–220.

苏飞，王中华，2020. 乡村振兴视域下的中国乡村旅游——发展模式、动力机制与国际经验借鉴［J］. 世界农业（02）：115–119+127.

苏卉，杨妍，2023. 乡村旅游高质量发展的影响因素及组态路径——基于 QCA 方法的联动效应研究［J］. 陕西行政学院学报，37（01）：82–87.

苏伟锋，马晓龙，贾文通，等，2023. 共同富裕目标下旅游发展对乡村居民生计类型及特征的影响［J］. 自然资源学报，38（02）：474–489.

孙豪，曹肖烨，2022. 中国省域共同富裕的测度与评价［J］. 浙江社会科学，（06）：4–18+155.

孙赫，2016. 山东省乡村旅游资源开发与产业发展模式探析［J］. 中国农业资源与区划，37（11）：220–225.

孙九霞，黄凯洁，王学基，2020. 基于地方实践的旅游发展与乡村振兴：逻辑与案例［J］. 旅游学刊，35（03）：39–49.

孙九霞，明庆忠，许春晓，等，2023. 共同富裕目标下乡村旅游资源创造性传承与开发［J］. 自然资源学报，38（02）：271–285.

孙九霞，张凌媛，罗意林，2023. 共同富裕目标下中国乡村旅游资源开发：现状、问题与发展路径［J］. 自然资源学报，38（02）：318–334.

孙学涛，于婷，于法稳，2022. 新型城镇化对共同富裕的影响及其作用机制——基于中国 281 个城市的分析［J］. 广东财经大学学报，37（02）：71–87.

谭燕芝，王超，陈铭仕，等，2022. 中国农民共同富裕水平测度及时空分异演变［J］. 经济地理，42（08）：11–21.

唐鑫，2022. 正确理解共同富裕理论内涵的四维审视［J］. 社会主义研究，No.262（02）：1–8.

托马斯，2001. 增长的质量［M］. 北京：中国财政经济出版社 .

汪秋菊，刘宇，2014. 公平视角下旅游绩效的测度［J］. 北京第二外国语学院学报，36（7）：

55–62.

汪燕，李东和，2011. 旅游新业态的类型及其形成机制研究［J］. 科技和产业，11（06）：9–12+65.

王兵，1999. 从中外乡村旅游的现状对比看我国乡村旅游的未来［J］. 旅游学刊，（02）：38–42+79.

王彩彩，袭威，徐虹，等，2023. 乡村旅游开发促进共同富裕的机制与路径——基于共生视角的分析［J］. 自然资源学报，38（02）：335–356.

王德刚，2012. 旅游公平论［J］. 中大管理研究，（1）：1–12.

王海燕，2022. 共同富裕的内涵特征、时代必然性和工作重点［J］. 人民论坛·学术前沿，No.243，No.244（Z1）：103–108.

王宏星，崔凤军，2005. 我国乡村旅游产品体系及其影响研究［J］. 西藏大学学报（汉文版），（01）：81–86+90.

王金，孙迎联，2023. 精神生活共同富裕的内涵要义、现存问题与优化路径［J］. 理论探索，No.259（01）：12–18.

王金伟，朱竑，宋子千，等，2023. 共同富裕视域下乡村旅游高质量发展：科学内涵与理论阐释［J］. 旅游导刊，7（02）：1–21.

王俊豪，2008. 产业经济学［M］. 北京：高等教育出版社.

王林，2016. 阳朔县乡村旅游创意新业态与游客体验研究［J］. 贺州学院学报，32（03）：96–100.

王璐，皮常玲，郑向敏，2022. 乡村旅游小微企业"温度"、乡村价值共创与共同富裕联动研究［J］. 广西社会科学，No.327（09）：129–135.

王敏娴，唐代剑，2018. 乡村旅游未来发展趋势探讨［J］. 旅游学刊，33（07）：13–16.

王娜，鲁峰，2006. 乡村旅游发展的动力机制探讨［J］. 桂林旅游高等专科学校学报，（06）：706–708.

王人龙，董亚娟，2017. 旅游新业态的驱动机制研究［J］. 特区经济，（03）：114–115.

王润，刘家明，张文玲，2017. 地理大数据视野下京津冀乡村旅游空间类型区划研究［J］. 中国农业资源与区划，38（12）：138–145+169.

王淑佳，孙九霞，2022. 普适道路还是隐形门槛？不同类型乡村旅游发展路径的外源因素［J］. 自然资源学报，37（03）：662–680.

王婉飞，吴建兴，吴茂英，2018. 乡村旅游发展中地方政府生态管理的驱动因素研究［J］. 旅游学刊，33（08）：37–47.

王小梦，2014. 乡村旅游创新发展：来自“洋家乐”的启示［J］. 经济研究导刊，（33）：265–266.

王秀伟，李晓军，2022. 中国乡村旅游重点村的空间特征与影响因素［J］. 地理学报，77（04）：900–917.

王璇璇，2016. 乡村旅游新业态“亲子农场”发展研究［J］. 合作经济与科技，（24）：24–26.

王瑜，2022. 农村居民生活富裕：概念框架、测量评价与研究展望［J］. 中国延安干部学院学报，15（03）：111–118.

王云才，许春霞，郭焕成，2005. 论中国乡村旅游发展的新趋势［J］. 干旱区地理，（06）：862–868.

王云才，2006. 中国乡村旅游发展的新形态和新模式［J］. 旅游学刊，（04）：8.

王兆峰，邹佳，2023. 乡村旅游高质量发展与共同富裕的动态耦合协调演化——以张家界为例［J/OL］. 湖南师范大学自然科学学报：1–12.

王政武，郭雅玲，陈春潮，2022. 以乡村振兴促进共同富裕：逻辑内涵、现实困境与政策框架［J］. 南宁师范大学学报（哲学社会科学版），43（02）：12–25.

王志章，薛人铭，2022. 实现共同富裕的农村短板补齐进路研究［J］. 重庆社会科学，No.333（08）：6–20.

威廉·伊斯特利，姜世明，2005. 在增长的迷雾中求索［M］. 北京：中信出版社.

乌恩，蔡运龙，金波，2002. 试论乡村旅游的目标、特色及产品［J］. 北京林业大学学报，（03）：78–82.

吴开军，2023. 旅游业高质量发展推进中国式现代化的作用机理和实现路径［J］. 广西社会科学，（03）：17–22.

吴磊，周玲，唐书清，2023. 上海实现共同富裕的内涵要求与实施路径［J］. 科学发展，No.172（03）：98–106.

吴宁，杨洁，何佑雯，2022. 乡村振兴战略下实现共同富裕的生态发展路径研究［J］. 中国西部，No.382（05）：84–92.

吴彦辉，2021. 乡村旅游高质量发展：内涵、动力与路径［J］. 广西大学学报（哲学社会科学版），43（05）：102–107.

吴正海，范建刚，2021. 资源整合与利益共享的乡村旅游发展路径——以陕西袁家村为例［J］. 西北农林科技大学学报（社会科学版），21（02）：70–79.

席建超，王首琨，张瑞英，2016. 旅游乡村聚落“生产—生活—生态”空间重构与优化——河北野三坡旅游区苟各庄村的案例实证［J］. 自然资源学报，31（03）：425–435.

向富华，2018. 乡村旅游开发：城镇化背景下“乡村振兴”的战略选择［J］. 旅游学刊，33（07）：16–17.

向延平，2021. 乡村旅游驱动乡村振兴内在机理与动力机制研究［J］. 湖南社会科学，（02）：41–47.

项久雨，王永杰，2022. 全体人民共同富裕的科学内涵、发展历程和时代进路［J］. 福建论坛（人文社会科学版），No.365（10）：5–16.

项琪琪，方晴，张雪晶，2022. 旅游返乡资本与村民利益联结机制研究——以宁波象山茅洋乡为例［J］. 西部旅游，No.174（22）：42–44.

肖黎明，王彦君，郭瑞雅，2021. 乡愁视域下乡村旅游高质量发展的空间差异及演变——基于黄河流域的检验［J］. 旅游学刊，36（11）：13–25.

肖佑兴，明庆忠，李松志，2001. 论乡村旅游的概念和类型［J］. 旅游科学，（03）：8–10.

谢地，贺城，2023. 推进共同富裕的科学内涵、现实基础及实现路径［J］. 中国经济问题，No.336（01）：37–52.

熊凯，1999. 乡村意象与乡村旅游开发刍议［J］. 地域研究与开发，（03）：70–73.

徐凤增，袭威，徐月华，2021. 乡村走向共同富裕过程中的治理机制及其作用—— 一项双案例研究［J］. 管理世界，37（12）：134–151+196+152.

徐菁，2022. 共同富裕的指标体系构建与应用［J］. 西南民族大学学报（人文社会科学版），43（11）：129–138.

徐鹏杰，张文康，曹圣洁，2023. 产业结构升级、构建现代产业体系与农民农村共同富裕［J］. 经济学家，No.293（05）：78–88.

徐淑红，2020. 乡村旅游对农村经济发展影响实证研究［J］. 社会科学家，（12）：54–58.

许宪春，任雪，汤美微，2020. 关于中国平衡发展指数指标体系的构建［J］. 统计研究，37（02）：3–14.

阳芳，刘慧敏，2022. 社会主义共同富裕的历史逻辑、理论逻辑与实践逻辑［J］. 湖北大学学报（哲学社会科学版），49（03）：13–22.

杨承玥，明庆忠，刘安乐，2022. 疫情常态化防控下乡村旅游高质量发展新趋势及优化策略［J］. 河北师范大学学报（自然科学版），46（04）：417–424.

杨家栋，2021. 临安区乡村旅游新业态发展对策研究［D］. 浙江农林大学.

杨军，2006. 中国乡村旅游驱动力因子及其系统优化研究［J］. 旅游科学，（04）：7–11.

杨玲玲，魏小安，2009. 旅游新业态的“新”意探析［J］. 资源与产业，11（06）：135–138.

杨瑞，李包庚，2022. 共同富裕的科学内涵、实践探索与基本经验［J］. 观察与思考，No.538（10）：65–74.

杨涛，2023. 共同富裕目标下全面推进乡村振兴的逻辑机理、现实挑战与实践进路［J］. 西安财经大学学报，36（03）：3–14.

杨文圣，李旭东，2022. 共有、共建、共享：共同富裕的本质内涵［J］. 西安交通大学学报（社会科学版），42（01）：10–16.

杨文圣，朱叶，2022. 论认识和把握实现共同富裕的目标和路径［J］. 学术界，No.286（03）：101–110.

杨筱明，张梦瑶，刘歆立，2023. 共同富裕：乡村产业融合的持久动力——基于河南省西峡、禹州等地的调查［J］. 农村 · 农业 · 农民（A 版），No.595（01）：32–35.

杨洋，李东和，孟影，2011. 乡村旅游发展动力机制研究——黄山市实证分析［J］. 资源开发与市场，27（10）：951–953.

杨宜勇，王明姬，2021. 共同富裕：演进历程、阶段目标与评价体系［J］. 江海学刊，No.335（05）：84–89.

杨颖，2023. 乡村旅游高质量发展评价体系构建和测评研究［J］. 山东农业工程学院学报，40（02）：20–25.

杨越，崔腾飞，2023. 乡村旅游助推乡村治理现代化的实践路径——以山西省王家村为例［J］. 中南农业科技，44（06）：189–192.

杨钊，朱其静，刘昌琪，等，2023. 共同富裕目标下廊道旅游地农户生计的脆弱性变化及其调控［J］. 自然资源学报，38（02）：529–544.

姚海琴，朋文欢，黄祖辉，2016. 家庭型乡村旅游发展对农户收入的影响机制及效果——以浙江、四川和湖南三省为例［J］. 经济地理，36（11）：169–176.

叶红，2007. 乡村旅游发展的动力机制研究——以成都市乡村旅游发展为例［J］. 农村经济，（10）：79–82.

叶敬忠，胡琴，2022. 共同富裕目标下的乡村振兴：主要挑战与重点回应［J］. 农村经济，No.472（02）：1–8.

殷晓元，彭静，2022. 中国式现代化视域下共同富裕的科学内涵、历史演进和实践方略［J］. 湘潭大学学报（哲学社会科学版），46（05）：114–120.

银元，2023. 乡村旅游数字化发展：动力机制、逻辑维度与矛盾纾解［J］. 西安财经大学学报，36（01）：29–40.

尹长丰，2023. 乡村旅游高质量发展与乡村振兴耦合协调研究——以安徽省为例［J］. 社会科学家，（01）：57–64.

应晓欣，2022. 共同富裕背景下钱江源国家公园试点区可持续旅游生计分析和对策研究［D］. 浙江工商大学.

尤海涛，马波，陈磊，2012. 乡村旅游的本质回归：乡村性的认知与保护［J］. 中国人口 · 资源与环境，22（09）：158–162.

于法稳，黄鑫，岳会，2020. 乡村旅游高质量发展：内涵特征、关键问题及对策建议［J］. 中国农村经济，（08）：27–39.

于法稳，林珊，2022. 实现民族地区共同富裕：特征、问题及路径［J］. 中州学刊，No.309（09）：31–39.

于建荣，2006. 论实现共同富裕的机制［J］. 河南理工大学学报（社会科学版），（01）：58–61.

俞小娣，2021. 杭州乡村旅游新业态模式关键资源要素探析［J］. 农村经济与科技，32（12）：57–60.

郁珊珊，王浩，王亚军，2016. 我国乡村旅游产业的价值体系及对产业升级的影响［J］. 农业经济，（04）：48–49.

袁媛，2022. 新时代共同富裕的科学内涵、本质特征与实现路径［J］. 重庆大学学报（社会科学版），28（04）：28–38.

查芳，2004. 对乡村旅游起源及概念的探讨［J］. 安康师专学报，（06）：29–32.

詹国辉，戴祥玉，2022. 新时代共同富裕：多重逻辑意蕴、现实难题与实现路径［J］. 云南大学学报（社会科学版），21（06）：5–17.

张安民，2021. 共同富裕示范区建设居民参与意愿及影响机制——基于 ABC 态度模型的实证分析［J］. 湖州师范学院学报，43（09）：8–14.

张东徽，吴昊，吴畏，等，2022. 冰雪旅游与区域共同富裕——基于东北 6 市面板数据的实证研究［J］. 科学决策，No.301（08）：136–149.

张行发，徐虹，王彩彩，2022. 新发展阶段农民农村迈向共同富裕的困境、案例分析及实践启示［J］. 西南民族大学学报（人文社会科学版），43（07）：233–240.

张行发，徐虹，2022. 新型村集体经济何以带动乡村共同富裕？——基于 ANT 视角的分析［J］. 西北农林科技大学学报（社会科学版），22（06）：11–19.

张洪昌，舒伯阳，2019. 社区能力、制度嵌入与乡村旅游发展模式［J］. 甘肃社会科学，（01）：186–192.

张环宙，许欣，周永广，2007. 外国乡村旅游发展经验及对中国的借鉴［J］. 人文地理，（04）：82–85.

张健，2023. 农民精神生活共同富裕的动力机制、实践困境与基本策略［J］. 农村经济与科技，34（05）：150–152+222.

张瑾，王婷，吴晶，等，2023. 共同富裕目标下革命老区乡村旅游发展的农户生计效应［J］. 自然资源学报，38（02）：545–560.

张奎力，肖金光，2022. 以生态 – 旅游促进共同富裕：基于云南沧源佤族自治县的实践［J］. 民族研究，No.258（04）：49–61+140.

张青，郭雅媛，2022. 以乡村振兴促进共同富裕：逻辑内涵、时代挑战与路径抉择［J］. 农村金融研究，No.502（01）：3–9.

张清源，陆林，卢松，2018. 皖南国际文化旅游示范区旅游新业态发展特征及驱动机制［J］. 安徽师范大学学报（自然科学版），41（04）：385–391.

张瑞真，马晓冬，2013. 我国旅游新业态研究进展及展望［J］. 旅游论坛，6（04）：53–58.

张书慧，刘晓倩，2023. 乡村振兴助力共同富裕：逻辑关系、道路羁绊与路径选择［J］. 当代经济管理，45（05）：10–17.

张文，安艳艳，李娜，2006. 我国乡村旅游发展的社会与经济效益、问题及对策［J］. 北京第二外国语学院学报，（03）：17–24.

张文建，2011. 市场变化格局下的旅游业态转型与创新［J］. 社会科学，（10）：30–38.

张骁鸣，保继刚，2009. 旅游发展与乡村变迁：“起点—动力”假说［J］. 旅游学刊，24（06）：19–24.

张雪，2023. 精神生活共同富裕的基本内涵、内生逻辑与实践进路［J］. 延边党校学报，39（01）：8–11.

张言庆，马波，2023. 新型集体化乡村旅游：内在逻辑、现实困境与实践路径［J］. 东方论坛，No.179（01）：135–145.

张耀一，2017. 乡村旅游社区参与开发模式与利益分配机制研究［J］. 农业经济，（03）：65–66.

张颖，2011. 美国西部乡村旅游资源开发模式与启示［J］. 农业经济问题，32（03）：105–109.

张勇，2010. 我国城乡旅游互动发展的动力机制及其对策研究［J］. 河南大学学报（自然科学版），40（06）：599–602.

张圆刚，郝亚梦，郭英之，等，2022. 共同富裕视域下乡村旅游空间正义：内涵属性与研究框架［J］. 经济地理，42（11）：195–203.

张远新，2022. 新时代促进农民共同富裕的逻辑、难题和路径［J］. 浙江工商大学学报，No.176（05）：123–131.

张云，杨晓霞，2013. 最近 10 年国内地理类、旅游类学术期刊所载乡村旅游文献综述［J］. 西南农业大学学报（社会科学版），11（09）：1–7.

张占斌，吴正海，2022. 共同富裕的发展逻辑、科学内涵与实践进路［J］. 新疆师范大学学报（哲学社会科学版），43（01）：39–48+2.

张占斌，2021. 中国式现代化的共同富裕：内涵、理论与路径［J］. 当代世界与社会主义，No.154（06）：52–60.

张祝平，2021. 以文旅融合理念推动乡村旅游高质量发展：形成逻辑与路径选择［J］. 南京社会科学，（07）：157–164.

赵剑英，2022. 共同富裕视域下精神生活富裕的时代内涵及实现路径［J］. 马克思主义哲学，No.8（04）：57–64+128.

赵磊，2011. 旅游发展能否减小城乡收入差距？——来自中国的经验证据［J］. 旅游学刊，26（12）：15–25.

赵培，郭俊华，2022. 产业振兴促进农民农村共同富裕：时代挑战、内在机理与实现路径［J］. 经济问题探索，No.482（09）：1–11.

郑群明，钟林生，2004. 参与式乡村旅游开发模式探讨［J］. 旅游学刊，（04）：33–37.

郑永君，李春雨，刘海颖，2023. 旅游驱动的三产融合型乡村振兴模式研究——基于共享发展理论视角的案例分析［J］. 农业经济问题，（06）：97–110.

郑自立，2022. 文旅融合促进共同富裕的作用机理与政策优化研究［J］. 广西社会科学，No. 327（09）：121–128.

周文，1999. 产业空间集聚机制理论的发展［J］. 经济科学，（6）：96–101.

周玲强，黄祖辉，2004. 我国乡村旅游可持续发展问题与对策研究［J］. 经济地理，（04）：572–576.

周巍，2020. 乡村旅游对基层社会治理的影响及应对策略——以惠州市霞角村为例［J］. 社会科学家，（03）：94–99.

周文，施炫伶，2022. 共同富裕的内涵特征与实践路径［J］. 政治经济学评论，13（03）：3–23.

周文，唐教成，2022. 乡村振兴与共同富裕：问题与实践路径［J］. 浙江工商大学学报，

No.177（06）：5–16.

周永广，姜佳将，王晓平，2009. 基于社区主导的乡村旅游内生式开发模式研究［J］. 旅游科学，23（04）：36–41.

朱明，曹姗，2021. 新时代中国乡村旅游高质量发展探析［J］. 江苏商论，（10）：52–54.

朱哲，巧巧，2023. 乡村旅游高质量发展与土地利用转型耦合及政策创新 . 社会科学家，（06）：48–54.

邹统钎，2005. 中国乡村旅游发展模式研究——成都农家乐与北京民俗村的比较与对策分析［J］. 旅游学刊，（03）：63–68.

邹再进，2007. 区域旅游业态理论研究［J］. 地理与地理信息科学，（05）：100–104.

邹再进，2007. 旅游业态发展趋势探讨［J］. 商业研究，（12）：156–160.

ARNSTEIN S R，1969. A Ladder Of Citizen Participation［J］. Journal of the American Planning Association，35（4）：216–224.

CONGER J A ，KANUNGO R N ，1988. The Empowerment Process：Integrating Theory and Practice.［J］. Academy of Management Review，13（3）：471–482.

DEUTSCH M，1975 . Equity，Equality，and Need：What Determines Which Value Will Be Used as the Basis of Distributive Justice?［J］. The Journal of Social Issues，31（3）：137–149.

GHADERI Z ，HENDERSON J C，2012. Sustainable rural tourism in Iran：A perspective from Hawraman Village. Tourism Management Perspectives，2–3：47–54.

JAEHEE，HWANG，SEONGWOO，et al，2014. The effect of the rural tourism policy on non–farm income in South Korea［J］.Tourism Management.

LEVENTHAL G S ，1976. The Distribution of Rewards and Resources in Groups and Organizations［J］. Advances in Experimental Social Psychology，9：91–131.

KRUGMAN，PAUL，1991. Trade with Japan：Has the Door Opened Wider?［M］.Chicago：University of Chicago Press.

LEE，S. W，& KIM，H. J，2010. Agricultural transition and rural tourism in Korea：experiences of the last forty years. In G. Thapa，P. Viswanathan，J. Routray，& M. Ahmad（Eds.），Agricultural transition in Asia（pp. 37e64）. Bangkok：Asian Institute of Technology.

RAPPAPORT J，1987. Terms of empowerment/exemplars of prevention：Toward a theory for community psychology［J］. American Journal of Community Psychology，15（2）：121.

SCHEYVENS R，1999. Ecotourism and the empowerment of local communities. Tourism

Management, 20（2）, 245–249.

WOODS, M，2005. Rural geography. New York：Sage Publications.

ZIMMERMANMA，2000. Empowermenttheory：Psychological, organizational, and community levels of analysis［A］. Rappaport E. Seidman（Eds.）, Handbook of community psychology［C］.Dordrecht, Netherlands：Kluwer Academic Publishers，43–63.

后 记

共同富裕是重大的时代命题。共同富裕的实现具有不同逻辑路径，而乡村旅游是实现共同富裕的一种有效路径。本书的撰写得益于《象山乡村旅游共同富裕示范村创建指导》课题研究，以及象山县文化和广电旅游体育局的鼎力支持。

在本书出版之际，感谢象山县文化和广电旅游体育局的大力支持，特别是张建军副局长给予的资料收集方面的协助；感谢宁波城市职业技术学院旅游学院张建庆院长给予的信任与支持，不辞劳苦的组建团队，进行项目调研、项目指导；感谢项目组成员蒋逸民、陶丽莉、何勇、周维琼、穆亚君、罗家枝、盘玉玲、尚敏等，他们前期的资料整理、实施方案撰写、案例研究，为本书的出版提供了一定帮助！

著者

2023 年 12 月 20 日